高等职业教育"双高"建设成果教材

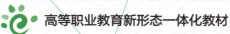

高等职业教育新形态一体化教材

创业基础
与实践

主 编 刘传会 章 伟 杨 哲

副主编 丰新颖

中国教育出版传媒集团

高等教育出版社·北京

内容提要

本书是高等职业院校"双高"建设成果教材，是高等职业教育新形态一体化教材。

本书以党的二十大精神为引领，以乡村振兴战略为大背景，借鉴资源稀缺地区"双创"成果和工作经验，引导学生了解创业、理解创业、支持创业、参与创业，培养新时代"双创"型人才和技能型社会的大国工匠。

本书从培养学生的创新创业意识和能力的目标出发，设计了适合高职教学特点的知识和案例，设置了"工具应用"栏目，精选贴近学生未来工作实际和行业企业的素材，配以二维码链接的资源拓展学习空间，内容包括"知时代 创未来""识机会 选项目""建团队 优架构""创产品 树品牌""推市场 探模式""融资金 控财务""研计划 赛风采""办企业 强管理"八个模块，构建了"导—学—训—测—评"的完整教学闭环。

本书既可作为高职院校和应用型本科院校创新创业教育的通识教材，也可作为广大有志于创业的人士的自学读物。

图书在版编目（CIP）数据

创业基础与实践 / 刘传会，章伟，杨哲主编.--北京：高等教育出版社，2023.9
ISBN 978-7-04-060749-9

Ⅰ.①创…　Ⅱ.①刘…②章…③杨…　Ⅲ.①大学生－创业－高等职业教育－教材　Ⅳ.① G647.38

中国国家版本馆CIP数据核字（2023）第123347号

创业基础与实践
Chuangye Jichu yu Shijian

策划编辑	陈　磊	责任编辑	李岳璟　陈　磊	封面设计	李小璐	版式设计	杨　树
责任绘图	杨伟露	责任校对	张　薇	责任印制	田　甜		

出版发行	高等教育出版社	网　　址	http://www.hep.edu.cn
社　　址	北京市西城区德外大街4号		http://www.hep.com.cn
邮政编码	100120	网上订购	http://www.hepmall.com.cn
印　　刷	涿州市京南印刷厂		http://www.hepmall.com
开　　本	787mm×1092mm　1/16		http://www.hepmall.cn
印　　张	12.25		
字　　数	230千字	版　　次	2023年9月第1版
购书热线	010-58581118	印　　次	2023年10月第2次印刷
咨询电话	400-810-0598	定　　价	31.80元

深化高校创新创业教育改革是国家实施创新驱动发展战略的需要,也是我国高等教育综合改革的需要。党的二十大报告中对"教育、科技、人才"的统筹谋划、一体化部署更是为新时代大力发展创新创业教育指明了方向。

为贯彻落实党中央、国务院关于支持大学生创新创业的决策部署,编写团队以党的二十大精神和习近平总书记关于教育的重要论述及全国教育大会精神为指引,深入学习《国务院办公厅关于进一步支持大学生创新创业的指导意见》(国办发〔2021〕35 号)等相关文件,基于学校十多年创新创业教育经验、创新创业大赛成果和国家级孵化器有益探索成果,编写了本书。

本书编排符合高职学生的认知特点,每个模块按照"知识地图 + 学习目标 + 案例导入 + 知识讲解 + 创业秘钥及微课启学 + 模块训练 + 模块检测 + 模块评估"的学习逻辑链条,构建了"导—学—训—测—评"的完整教学闭环,可供学生在课内课外、线上线下学习和实践。在主题设计上使用动宾结构,能增强学生的代入感,帮助学生搭建初创企业的整体架构,学习思考创业怎么入门,怎样开启创业人生。本书具有以下特点。

任务驱动,科学合理地引导学生建立创业逻辑

课赛融通,将大赛评分体系和规则融入教材内容,根据创业逻辑和创业计划书的模块,设置教学章节帮助学生建立一个相对完整的创业逻辑和知识体系;将创新创业大赛既作为本书的逻辑"终点",也作为读者创业实践的逻辑"起点"。

实用工具,循序渐进地指导学生进行创业实践

教材的每个模块根据知识的结构和学生所需要具备的能力,设置"工具应用"栏目,配套易上手、易操作的小工具。教材工具包具有系统性和可操作性,可引导学生开展创业实践。

教学资源,便捷高效地拓展学生学习空间

本书配套的线上教学资源能够最大限度地对教学内容进行拓展和延伸,补充纸质教材未涉及的知识点,学生可根据自身学习情况,选择相关资源扫码观看,随时随地感受教师讲课的魅力。线上教学资源增强了学生的学习兴趣,拓展丰富了本书的内容。

特色案例,辅助学生博采众长地汲取创业经验

本书案例主要有三大类:一是上市公司案例,二是大学毕业生的创业真实案例,三是创新创业大赛脱颖而出的金奖项目案例。案例分析的内容紧扣创业知识,让学生在阅读中思考,在思考中进步。

本书建议 48 教学课时,其中模块一"知时代 创未来",引导学生理解创业的概念、必要性和可行性,建议分配 4 课时;模块二"识机会 选项目",引导学生发现和识别创业机会,并通过市场调查进一步判断创业项目的可能性,建议分配 6 课时;模块三"建团队 优架构",引导学生组建创业团队,明确职责分工,创业者掌握如何管理团队,成员明白如何配合开展工作,使得团队的组建和管理更有效,建议分配 8 课时;模块四"创产品 树品牌",引导创业团队打造产品和服务,并能有效保护产品创意及成果,建议分配 6 课时;模块五"推市场 探模式",引导创业团队将产品推向市场,并能设计合理的商业模式实现盈利,建议分配 6 课时;模块六"融资金 控财务",培养创业者的成本和财务意识,学会去筹措、规划和使用创业资金,建议分配 6 课时;模块七"研计划 赛风采",通过制订创业计划来进一步梳理明确创业项目,通过开展项目路演去推介项目、展示风采,建议分配 6 课时;模块八"办企业 强管理",着重从法律、制度和流程上引导学生落地创业项目,踏上企业管理经营之路,建议分配 6 课时。

本书编写团队主要来自从事高校创新创业教育的一线教师和孵化器运营管理人员,由刘传会、章伟、杨哲担任主编,负责拟定编写大纲、统稿和定稿;丰新颖担任副主编,负责组织内容的编写和修改;唐金瑞、罗雪霏、黄婷、刘梦露、阮竞捷等参与书稿的编写,尚贞明、周欢、喻林、张湫雪、蔡李尚彦、赵岩等参与资料的搜集和整理。本书在筹划和编写过程得到中南财经政法大学汪军民教授及李萍、邓亚娇等在读博士的帮助,借鉴了大量创新创业方面的文献资料,获得了众多学生、校友创业者、企业家的支持,在此一并表示最诚挚的谢意。

恳请同行专家和广大读者提出宝贵意见,帮助我们一起修改和完善。聚木牛流马首创地,做创新创业智慧人。创新创业,我们一直在路上!

编者

2023 年 5 月

/目录/

49　模块三　建团队　优架构

73　模块四　创产品　树品牌

学习导语

当代大学生会这么想：

参军：常听父母说，部队是个大熔炉，可以锤炼自身。国家也给了大学生士兵很好的福利待遇和优惠政策，所以我要应征入伍，成为一名光荣的解放军战士。

升学：现在国家发展越来越快，社会竞争越来越激烈。作为专科生，我需要进入本科院校继续学习，增长见识，将来才会有更多的工作机会和发展空间。正好学校有专升本、专套本的机会，我要早准备、争取上本科，未来考研、读博，拥有更多的选择。

就业：我毕业后会选择就业。一直以来，父母供我读书、生活，庇护着我。我想早日进入社会，用自己的劳动获得收入，减轻家里的负担。同时我也想在工作岗位上实现自我价值，让父母以我为豪。

创业：我爱自由、爱冒险，喜欢挑战一切未知的事物。我希望以后的工作时间和地点更加灵活，还能有不错的收入。所以我想通过创业，实现时间自由、空间自由、财富自由。在满足自我需求的同时，也有能力去帮助需要帮助的人。

你会如何选择呢？

知时代　创未来

【模块导读】

▶ 知识地图

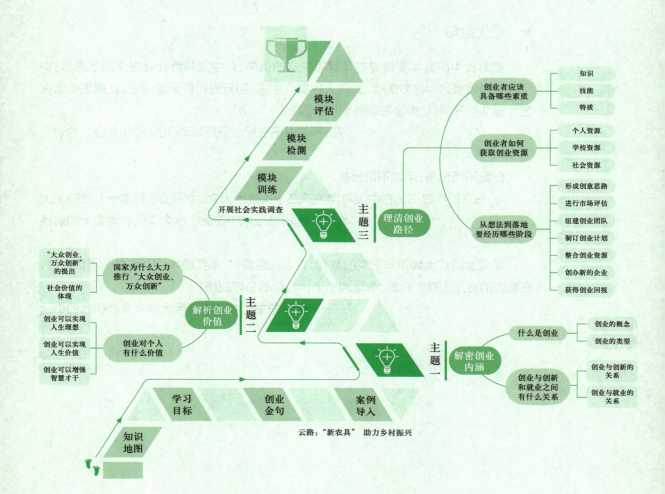

- 模块评估
- 模块检测
- 模块训练
- 开展社会实践调查

主题三　理清创业路径

- 创业者应该具备哪些素质
  - 知识
  - 技能
  - 特质
- 创业者如何获取创业资源
  - 个人资源
  - 学校资源
  - 社会资源
- 从想法到落地要经历哪些阶段
  - 形成创意思路
  - 进行市场评估
  - 组建创业团队
  - 制订创业计划
  - 整合创业资源
  - 创办新的企业
  - 获得创业回报

主题二　解析创业价值

- 国家为什么大力推行"大众创业、万众创新"
  - "大众创业、万众创新"的提出
  - 社会价值的体现
- 创业对个人有什么价值
  - 创业可以实现人生理想
  - 创业可以实现人生价值
  - 创业可以增强智慧才干

主题一　解密创业内涵

- 什么是创业
  - 创业的概念
  - 创业的类型
- 创业与创新和就业之间有什么关系
  - 创业与创新的关系
  - 创业与就业的关系

- 学习目标
- 创业金句
- 案例导入
- 知识地图

云路："新农具" 助力乡村振兴

▶ 学习目标

● 知识目标

(1) 了解创新创业的概念及内涵

(2) 理解创新创业的价值

(3) 了解大学生创业所需的准备

● 能力目标

(1) 具备正确认识创业、理解创业、支持创业的能力

(2) 具备初步认知自身的能力

(3) 具备整合身边优质资源的能力

● 素养目标

(1) 树立正确的价值观

(2) 养成正确的创业观

▶ 创业金句

新时代中国青年要树立对马克思主义的信仰、对中国特色社会主义的信念、对中华民族伟大复兴中国梦的信心,到人民群众中去,到新时代新天地中去,让理想信念在创业奋斗中升华,让青春在创新创造中闪光!

——习近平总书记在纪念五四运动 100 周年大会上的讲话

创新不问出身,英雄不论出处。

——习近平总书记在中国科学院第二十次院士大会、中国工程院第十五次院士大会和中国科技技术协会第十次全国代表大会上的讲话

希望全国广大青年牢记党的教诲,立志民族复兴,不负韶华,不负时代,不负人民,在青春的赛道上奋力奔跑,争取跑出当代青年的最好成绩!

——习近平总书记在中国人民大学考察调研时的讲话

▶ **案例导入**

云路:"新农具"助力乡村振兴

朱婷婷,是温州的"创二代",也是一名深度美食爱好者。2017年她从襄阳职业技术学院护理专业毕业,毕业3年创建了3个独食餐饮品牌,成为最早享受到短视频红利的"90后"创业者。作为一名共产党员,朱婷婷创业初成,心系农民的急难愁盼,2020年4月,她回母校创建了云路团队,立志借助短视频和美食培训,把在城市开店的成功经验和成果运用于乡村——带美丽乡村走上"云路"。

城里新"食"尚

打造独食餐饮新业态,掀起节约型餐饮新"食"尚。"半米屋台"独食火锅迎合了当代年轻人的消费心理,解决了传统餐饮火锅行业不能精准匹配"一人一份,独立独享,安全健康"的需求,方便一人用餐亦方便聚餐,简约而不简单的一人份食材,单人小隔板形成的半封闭式空间让就餐免受打扰,特制环保书签、明信片等店铺文创,这一系列的精心设计深受年轻消费群体的喜爱。凭借9.4万+(统计日期截至2023年4月)的抖音粉丝,通过自媒体营销打造粉丝经济;加盟商基本由品牌IP账号引流转化而来,实现低成本推广;每个店铺仅需3~4名员工,全程线上自助预约、点餐、买单,实现半无人化,店铺运营成本低。据不完全统计,截至2023年5月,"半米屋台"独食火锅加盟店铺已达200多家。

村里引潮流

赋能农民短视频技术,"新农具"助力乡村振兴。如何引导农民走上短视频自媒体时代的"云路",让他们学会使用短视频这个"新农具"奔小康,是巩固脱贫攻坚成果、快速实现乡村振兴的关键所在。"授人以鱼不如授人以渔",朱婷婷带领云路团队通过"短视频运营＋美食培训",教会农民掌握短视频运营和美食制作技巧;授民以趣,将自然原生态、农耕细节、乡土美食与风土人情结合,体现中华传统文化,传递幸福感;开展文创设计、品牌打造,提升农特产品价值;挖掘"一村一品"特色产业,孵化有特色、有辨识度的乡村IP,用流量吸引游客,实现农产品畅销的目的,让利润回归农民手中。

● **案例解析**

青年向上,国家向前。"不愿做躺平青年"是朱婷婷的口头禅,正是因为她从高中起就喜欢有挑战的事情,愿意迎难而上,有着坚定的人生理想和信念,所以才在创业的路上勇往直前。

主题一　解密创业内涵

创业是职业生涯规划的一个重要选择，是一种生活方式，更是实现个人理想和人生价值的重要路径，但是创业并非易事，尤其是对大学生或是刚步入社会的青年人而言，只有对创业有了一定的认知，才能更好地理解创业、实践创业，在青春的赛道上跑出精彩。

一、什么是创业

（一）创业的概念

创业是创业者对自己拥有的资源或通过努力能够拥有的资源进行优化整合，从而创造出更大经济效益或社会价值的过程。

狭义的创业是从零开始创办一家新的企业，为社会提供产品或服务的经济活动；广义的创业是指社会生活各个领域里的人为开创新的事业所从事的社会实践活动，创业者从中实现个人价值，积累知识与财富。

微课启学：

什么是创业精神

> ▶ **案例分享**
>
> ### 一"榄"情深，成就乡村创业路
>
> 江华丹刚进入大学便热衷创业实践。2018 年她到闽清开展实践活动，发现 90% 以上的青橄榄存在酸、涩、苦、硬等问题，这正是阻碍橄榄产业发展的症结所在。在当地政府、学校和家人的支持下，江华丹等 10 名来自闽江学院、福建农林大学的大学生组建了"一榄情深"团队，致力于橄榄产业的转型升级。

（二）创业的类型

创业活动涉及各行各业，创业者的动机千差万别，创业领域多种多样，所以从不同角度划分，创业有不同类型，可以按企业生产经营特征分类，可以按创业企业的核心技术分类，也可以按创业企业的创新类别分类。

1. 根据企业生产经营特征分类

根据企业生产经营特征，创业可分为以下四种类型。

（1）贸易企业。通过线上平台销售或线下销售，从事商品的经营活动，他们从制造商或批发商处购买商品，再把商品卖给顾客或其他企业。将商品直接销售给最终消费者的中间商都是零售商，而批发商则是向生产企业购进产品，然后转售给零售商、产业用户或各种非营利组织，例如蔬菜、水果、文具、日用品的批发中心都是批发商。

（2）制造企业。使用原材料生产制作实物产品的企业。如果创业者利用皮革、布料、木材、水果等原材料开设制鞋厂、服装厂、家具厂、果品加工厂等，那么你拥有的就是一家制造企业。

（3）服务企业。为消费者提供某项特定服务或者多项服务活动的企业，如货运服务、理发服务、旅游服务、家政服务、餐饮服务等。

（4）农、林、牧、渔企业。利用土地或水域资源进行生产的企业，这类企业可能是种植蔬菜或者水果的企业，也可能是养殖家禽或经营水产的企业。

2. 根据创业企业的核心技术分类

根据创业企业的核心技术，创业可分为以下四种类型。

（1）新工科类。新工科是对传统工业专业的升级改造。比如人工智能、云计算、大数据、智能制造等领域。

▶ **案例分享**

智能巡检机器人：工业安全守护者

为了降低化工和电力等高危行业巡检人员每天要面对粉尘、噪音、高温等环境带来的职业危害，广州市工贸技师学院创业团队利用四轮独立驱动、多重自动导航、多传感器环境感知、视场图像处理等创新技术，快速定制出有特定功能的巡检机器人，如图1-1-1。

图 1-1-1 智能巡检机器人

（2）新医科类。新医科是传统医学与人工智能、大数据、智能机器等技术的融合。比如智能医学、智能医疗设备、生物技术、药品研发等领域。

▶ **案例分享**

靶向抗栓肽：脑梗治疗的中国力量

脑梗出血率高、死亡率高、复发率高，目前临床上并没有脑梗急性期的特殊治疗药物，尽管在抗血栓方面的药物有三类：溶栓药、抗栓药、抗凝药，但其不同程度存在毒副作用大及使用限制等问题。深圳职业技术学院团队采用基因重组技术，研制出了全球首款用于脑梗治疗的 GP1b 受体拮抗剂——靶向抗栓肽。

（3）新农科类。新农科是指通过现代科学技术改造原有的农林技术。比如智慧农业、现代种业、食品营养、休闲农业等领域。

▶ **案例分享**

襄湘辣：种出红火的日子

针对辣椒种植零散无标准、栽培无规程、种苗无标准等问题，市场急需使用规模化、集约化的种植方式生产出优质辣椒。因此，襄阳职业技术学院襄湘辣团队强化品种选育，创新辣椒配方和土壤改良剂，推进辣椒机械化栽培，解决了辣椒产业发展的痛点。

（4）新文科类。新文科基于传统文科进行学科重组，实现文理交叉，把现代信息技术融入文学、哲学、教育学等学科中，以服务于文创设计与开发、非物质文化遗产保护、金融科技、养老服务等领域。

▶ **案例分享**

千年刺绣："陇"韵非遗花语"绣"坊

在"一带一路"倡议和国务院关于倡议乡村传统工艺振兴的背景下，甘肃工业职业技术学院"陇绣"技艺传承创新工作室负责人刘云帆带领学生团队，致力于发掘、传承、创新当地陇绣技艺，自创绣片纹样库，搭建就创一体化孵化平台，孵化懂技术、能创业的大师和绣娘团队，建立千人新媒体矩阵，让陇绣以全新的姿态立足于市场。陇绣作为非遗文化产业项目，让传统工艺与现代信息技术融合，实现了价值传递。

3. 根据创业企业的创新类别分类

根据创业企业的创新类别，创业可分为以下两种类型。

（1）原创创新。创业者通过自身的调查理解，或者通过发挥自己的专业特长，从零开始涉足一个他人没有涉足过的领域，在这个新的领域内进行原创活动，最终创造出有价值的产品，就属于原创创新。

> ▶ **案例分享**
>
> **全棉时代：无纺替代有纺，全棉替代化纤**
>
> 全棉时代创始人李建全带领研发团队，依靠专业技术对全棉无纺布工艺潜心钻研，颠覆了传统生产工序，开发出直接使用天然原棉生产的"全棉水刺无纺布工艺"，并运用该核心技术开发出 PurCotton 全棉系列生活用品，被称为"纺织工业一次伟大的创新"，2009 年创立了深圳全棉时代科技有限公司，迈出了"医学贴近生活，全棉呵护健康"的医转民战略步伐。2020 年 8 月，全棉时代以 100 亿元人民币市值位列《苏州高新区·2020 胡润全球独角兽榜》第 256 位。如今的全棉时代以创新为企业核心竞争力，已逐步成长为中国新消费品牌的代表。

（2）跟进创新。创业者模仿他人的成果，对其进行一些二次加工或者引进一些新技术进行改良，就叫作跟进创新。这种创新方式更适合在已经较为成熟的市场，或实力较为薄弱、缺少自主研发能力的初创企业使用。如果一个企业想要长远发展、做大做强，还是得靠原创创新。

> ▶ **案例分享**
>
> **娃哈哈：老牌国货低调做水**
>
> 我国饮料行业的龙头企业娃哈哈公司，最早就是在市场都做钙奶的时候，在里面额外添加促进钙吸收的维生素 A 和维生素 D，创造了 AD 钙奶，并引进了国外反渗透技术，在中国水市场上以蒸馏水为主的时候率先推出纯净水，打破了国外实验用水的技术垄断。随着市场规模的扩大以及技术的发展，娃哈哈纯净水的生产也向着智能化的方向发展升级，实现高度自动化。

二、创业与创新和就业之间有什么关系

（一）创业与创新的关系

党的二十大报告指出，必须坚持科技是第一生产力、人才是第一资源、创新是

第一动力,深入实施科教兴国战略、人才强国战略、创新驱动发展战略,开辟发展新领域新赛道,不断塑造发展新动能新优势。习近平总书记也寄语当代大学生应扎根中国大地了解国情民情,在创新创业中增长智慧才干,在艰苦奋斗中锤炼意志品质,在亿万人民为实现中国梦而进行的伟大奋斗中实现人生价值,用青春书写无愧于时代、无愧于历史的华彩篇章。

微课启学:

创新和创新
思维

大学生正处于创新创业的活跃期,具备较高的科学文化素养,有着较为丰富的知识储备和创造力,是"大众创业、万众创新"的重要力量。大学生作为未来建设创新型国家的主力军,需要充分结合在校期间所掌握的相关知识,不断培养自身的创新意识和创新思维,学习和掌握一定的创新技术和方法,积极投身创业实践。

创业和创新的关系是相辅相成、无法割裂的。具体表现在以下几个方面。

1. 创新是创业的基础

创业需要创新。产品或者服务需要不断更新才能满足市场需求的变化,持续创新为创业活动注入了源源不断的动力。

创业秘钥

>> 创业是基于创新的创业,创新是要基于市场的创新。

2. 创业与创新相互推动

创新推动技术进步,创新的价值可以通过创业展现。颠覆式的创新思想为创业提供了可能性和必要准备的价值,这种价值可以通过创业实践去展现,从而推动新技术、新产品、新模式等不断涌现,所以两者是相互促进、共同成长的。

(二) 创业与就业的关系

创业带动就业。随着新产业蓬勃发展、新业态不断涌现,国家鼓励支持创业带动就业,有利于让更多有才华的年轻人闯出新天地、让创业企业抢抓新契机,有利于培育发展新动能、激发宏观经济活力。

抓创业、促就业是稳增长、促民生的一项重要举措,也是缓解就业压力、提升就业质量的必由之路。促就业,就要大力扶持高质量的创新创业项目,为毕业生提供更多岗位;抓创业,就要着重帮助有强烈创业意愿、有良好项目基础的人实现创业梦想。正如党的二十大报告强调,完善促进创业带动就业的保障制度,支持和规范发展新就业形态。这无疑为有志于创业的大学生注入了一针政策"强心剂"。

主题二　解析创业价值

时代呼唤创新,时代呼唤创业。创新创业为社会发展、时代发展、民族发展提供了源源不断的动力。

一、国家为什么大力推行"大众创业、万众创新"

(一)"大众创业、万众创新"的提出

随着我国经济进入新常态,党中央、国务院于 2014 年适时作出了"大众创业、万众创新"的重大战略部署,增强经济发展韧性与活力、积攒力量蓄势待发、形成"万众创新""人人创新"的新势态。2015 年政府工作报告明确提出,要将"大众创业、万众创新"打造成中国经济发展的"双引擎"之一。

推进"大众创业、万众创新"是发展的动力之源,也是富民之道、公平之计、强国之策,对于推动经济结构调整、打造发展新引擎、增强发展新动力、走创新驱动发展道路具有重要意义。2022 年 9 月,全国大众创业、万众创新活动周开幕,活动指出"双创"是创新创业观念和模式的变革,激励千万人起而行之,把亿万普通人的智慧汇集起来,在奋斗中创造财富,促进了社会纵向流动和公平正义。

▶ 工具应用

创新创业政策资源库

说明

"双创"政策库网站由国务院办公厅主办,由中国政府网运行中心负责运行维护;国家创新创业政策信息服务网由中华人民共和国国家发展和改革委员会主办,由国家信息中心及下属单位负责运行维护。

工具

1."双创"政策库的使用

搜索"中国政府网",选择"国务院政策文件库"—点击搜索栏—输入"双创",便能够进入双创政策汇集发布解读平台。网站内含创新创业类的国务院及各

部委政策文件,以及政策的说明和解读,部分界面如图1-2-1所示。

国务院文件(68)

国务院办公厅关于对2021年落实有关重大政策措施真抓实干成效明显地方予以督查激励的通报 2022.06.09

国务院关于印发扎实稳住经济一揽子政策措施的通知 2022.05.31

国务院办公厅关于新形势下进一步加强督查激励的通知 2021.12.20

国务院办公厅转发国家发展改革委关于推动生活性服务业补短板上水平提高人民生活品质若干意见的通知 2021.11.02

国务院办公厅关于进一步支持大学生创新创业的指导意见 2021.10.12

国务院部门文件(71)

科技部等印发《关于进一步支持西部科学城加快建设的意见》的通知 2023.04.14

中国人民银行 发展改革委 科技部 工业和信息化部 财政部 银保监会 证监会 外汇局关于印发《上海市、南京市、杭州市、合肥市、嘉兴市建设科创金融改革试验区总体方案》的通知 2022.11.21

国家发展改革委等部门关于推动家政进社区的指导意见 2022.12.21

关于中央企业助力中小企业纾困解难促进协同发展有关事项的通知 2022.05.25

科技部办公厅 教育部办公厅 财政部办公厅 人力资源社会保障部办公厅印发《〈关于扩大高校和科研院所科研相关自主权的若干意见〉问答手册》的通知 2022.03.08

图1-2-1 "双创"政策库网站界面

2. 国家创新创业政策信息服务网的使用

搜索"国家创新创业政策信息服务网",网站内含政策库、政策分析、示范基地、活动跟踪、服务拓展等栏目。

(二) 社会价值的体现

1. 国家层面

(1) 助力中华民族伟大复兴。创新是民族之魂,是时代主题;创业是发展之基,是富民之本。"大众创业、万众创新"的本质就是激发企业创新活力,推动经济社会高质量发展,这是实现人民高品质生活的需要,是全面建设社会主义现代化国家的需要。

(2) 服务国家"双循环"发展新格局。"双创"是实现国内大循环的关键,是应对国际冲击的重要法宝,也是做好"六稳"工作、落实"六保"任务、推动高质量发展的重中之重;"双创"为推动形成国内国际双循环相互促进提供新动能,是经济社会循环的根本动力。

(3) 促进技能型社会建设。通过"双创"教育培养高素质技术技能人才、能工巧匠、大国工匠,是促进经济社会发展和提高国家竞争力的重要支撑,要充分发挥双创优势,让技术技能"长入"经济、"汇入"生活、"融入"文化、"渗入"人心。

微课启学:

创业的价值

2. 区域层面

创新创业通过"资源＋模式"的裂变效应,实现从"资源裂变"到"产业聚变",优化产业结构,推进转型升级,推动区域产业高质量发展。

(1)促进区域经济发展。推进"大众创业、万众创新"是培育和催生经济社会发展新动力的必然选择。通过营造公平竞争的创业环境,使有梦想、有意愿、有能力的各类市场创业主体得到支持。鼓励和引导青年大学生返乡创业,使其"学之有用,用之有地",为家乡经济发展注入新活力。

▶ **案例分享**

田东旭:回乡打造农业休闲体验区

万邦农业创始人田东旭在学有所成后回乡创业,以家乡的耕地资源为基础,针对农作物种植标准不规范的问题,研发和培育了秦椒、西兰花等一系列获得国家认证的无公害农作物产品,创建了自己的种苗繁育基地及现代化农业温室近2万余亩(1亩≈666.67平方米),并建立了农业休闲体验区和特色民宿,吸引了众多城镇农村毕业大学生返乡就业或自主创业,同时带动3 000余名农业产业工人就业,帮助几十家农产品公司以自身优势结合万邦模式,发展自己的品牌和周边旅游,促进了当地区域经济的发展,被西安市人社局评为西安唯一一家农业返乡创业园区。

(2)促进产业转型升级。大力激发创新创业的活力,使产业结构向高级化发展,从低附加值向高附加值升级,在技术进步的基础上,提高生产效率。这种升级不仅包括行业内产业之间的升级,比如由第一产业向第二、三产业的转型还包括产业内部的升级,比如产业内部的纵深化发展,由粗放型转为集约型,实现低成本、高产出。

(3)促进新型产业发展。推动创新创业有助于加速释放创业者的想象力和创造力,助力产业脱离传统运营模式,提高全社会各类经济资源的配置效率,为新兴产业的培育和发展提供了新的空间与来源。

▶ **案例分享**

东莞市的光伏产业链

广东省东莞市有千余家电子信息企业,其中近50家具有发展薄膜太阳能产业的基础。东莞南玻光伏科技有限公司、广东五星太阳能有限公司、东莞星火太阳能公司等龙头企业,发挥龙头企业聚集作用,在周边 40 公里范围内形成了一条集"研发—生产设备—原材料—产品销售"于一体的光伏产业链,为太阳能光伏产业发展提供了空间。

(4) 促进中小企业的快速发展。党的二十大报告提出,要支持中小微企业的发展。从国际经验看,等量资金投资于小企业所创造的就业机会是大企业的 4 倍。根据我国工业和信息化部公布的数据显示,截至 2021 年年末,全国企业的数量达到 4 842 万户,增长 1.7 倍,其中 99% 以上都是中小企业,贡献了全国 50% 以上的税收。鼓励创新创业就是在支持和推动中小企业的快速发展。

二、创业对个人有什么价值

(一) 创业可以实现人生理想

创业是实现人生理想的重要路径。大学生通过自主创业,将自己的兴趣和梦想结合在一起,做自己喜欢的、愿意做的事情,最大程度地发挥自己的才能。每个大学生的性格特点各不相同,兴趣爱好也各有千秋,对于那些胸怀梦想、有创意、有发明专利的大学生,选择自主创业,经过持续的努力,可以寻找出一条成功的道路,从而实现自己的梦想。

(二) 创业可以实现人生价值

创业是实现人生价值的有效方式。创业可以实现自我满足,改变自身命运,重新认识自我,获得他人肯定,回馈家庭社会,承担社会责任,实现人生价值。此外,创业为创业者提供了增加财富的可能性。获得财务自由是众多创业者的主要动机之一,创业者用自己的勤奋和劳动换取了一定的财富回报,有了丰厚的物质基础,他们便可以在时间和财务等方面获得相对自由,不受他人的约束。

(三) 创业可以增强智慧才干

创业是不断突破舒适区的过程,在此过程中,智慧、能力、才干会得到历练。创业为创业者创造了发展的机会,在创业活动中,团队组建、商业合作和其他人际关系的维护都能提高了创业者的社交能力。创业一旦成功,创业者就会获得巨大的成就感。即使创业不成功,这段创业经历也是一笔宝贵的人生积累,可以为创业者今后的职业发展奠定基础。

▶ **案例分享**

杨利华：从退伍兵到辣椒大王的蝶变

　　刚满 20 岁的襄阳男孩杨利华在读大学与参军的两难之间果敢地选择了应征入伍，因为表现优秀，连续两年被评为优秀士兵；之后，杨利华为响应政府号召返乡创业，回到家乡发展辣椒产业。杨利华在认识到农业科技的重要性后，他通过"一村多名大学生计划"进入襄阳职业技术学院就读，创立"襄湘辣"辣椒品牌，成立汉江绿谷辣椒种植专业合作社，和学校共建汉江流域辣椒产业研究院。他的事迹成为教育部"闪亮的日子·青春该有的模样"典型案例，"襄湘辣"项目也获得第七届中国国际"互联网+"大学生创新创业大赛国赛金奖。

主题三　理清创业路径

有的人天生具有敏锐的商业洞察力,有的人在市场中积累了丰富的经验和资源,有的人通过后天的学习实践拥有了很强的领导力,但并不是所有人都适合创业。创业是一种选择,也是一种能力,更是一种高风险的商业活动,因此要想成为一名创业的实践者,需要做好充足的准备。

一、创业者应该具备哪些素质

创业者既是企业的开创人,也是企业成长过程中的决策者、推动者、领导者、协调者。作为创业者,应具备一系列的素质(包括知识、技能、特质等),这些素质在一定程度上影响着创业成功的概率。随着创业过程的深入,这些素质会随着创业者的成长和经验的积累而增强。

(一) 知识

知识包含但不限于专业知识、金融知识、工商税务知识、战略管理知识、市场营销知识、人力资源知识、财务知识和法律知识等。

(二) 技能

技能包含但不限于领导能力、决策能力、沟通能力、执行能力、协调能力、组织能力、创新能力、应变能力、表现能力、营销能力、学习能力、抗压能力等。

(三) 特质

特质包含但不限于愿意接受挑战、积极主动、坚韧不拔、关心质量、注重效率、有独创的解决问题方法、愿意承担风险、敬业、有团队精神、自信、有决断力等。

二、创业者如何获取创业资源

(一) 个人资源

1. 人脉资源

人脉资源是创业者所拥有的最宝贵财富。我们每个人生存在这个世界上,都需要和别人产生关系,包括父母、兄弟姐妹、亲戚、同学、同事、朋友等,并且我们能够通过认识的人结识到他们身后更多的人。

创业者通过建立利益相关者关系网络去拓展企业——把他人所拥有的资源和

自己所拥有的资源结合起来。人脉资源是我们每个人都应该珍视和善用的资源。

2. 物质资源

创办企业需要足够的资金。大学生创业者可以用自己的积蓄，还可以向亲友或银行借款，或通过其他途径筹集资金来开办企业。

如果用自己或父母的积蓄创办企业，大学生创业者应尽量避免把所有的资金都投进去。如果家庭没有其他收入来源，所有的生活开支就要从积蓄中支出，直到能靠企业盈利来支撑家庭和生活为止。

无论是用积蓄去创办企业，还是通过银行贷款或者其他途径筹集资金来创办企业，创业者都要客观评估自己的财务状况。

（二）学校资源

大学生创业者可享受各地或各高校对自主创业学生实行的持续帮扶、全程指导、一站式服务。国家、地方、高校等信息服务平台可以为大学生提供国家政策、市场动向等信息。除此之外，各地在充分发挥各类创业孵化基地作用的基础上，还因地制宜地创建了大学生创业孵化基地，并为创业者提供相关培训、指导服务等。

（三）社会资源

1. 政策类

针对在校大学生以及毕业五年内创业的大学毕业生，中央和地方相关部门都出台了许多政策，支持大学生创业。例如，创业税收优惠、创业担保贷款和贴息、免交行政事业性收费和免费创业服务等。

相关政策具体内容，同学们可以去当地行政服务大厅窗口咨询或登录各级政府部门官网查询。

2. 平台类

为更好地服务创业者，各地都为创业者提供了创业服务平台，比如创意园、产业园、高新技术开发区等。例如，在湖北省襄阳市，开设了襄阳市大学科技园、建设路 21 号创意园、汉江创意园等孵化园区等。

▶ **案例分享**

"郧牧羊"的社会资源

第七届中国国际"互联网＋"大学生创新创业大赛国赛银奖项目是"郧牧羊——小单元马头山羊繁育推广"。项目创始人马应平的外公是马头山羊产业领军人物，他曾作为党代表将马头山羊带进了人民大会堂，扩大了项目的影响力。该项目依托母校动物医学工程研究中心，建立人工授精站，提高繁殖率。同时，项目通过了国家级专家的可行性认证，得到当地政府的大力支持，每套小单元羊舍给予了 5 万元的奖补资金。

三、从想法到落地要经历哪些阶段

创业的一般过程包括从形成创意思路到开办企业,最后开展经营并获取回报,通常要经历"构创意—做计划—办企业"三个阶段及以下七个准备环节。

(一)形成创意思路

创业的机会很多,但是真正有用、有价值的机会不多,作为创业者,要学会观察人们的需求,发现有价值的创意和想法。

(二)进行市场评估

创业者在有了创意思路后,要及时对创业机会进行评估,准确地识别创业机会,通过市场评估分析并判断其商业价值,最终抓住创业机会。

(三)组建创业团队

创业是在复杂而开放的竞争性环境中创造价值的企业活动。一个人难以胜任全部工作,需要组建创业团队,各司其职,发挥每个人的所长。团队是创业者的创业基石,团队的优劣在很大程度上决定了创业能否成功。

(四)制订创业计划

创业计划是创业者准备的一份书面计划,用以描述创办一家企业时所有相关的外部及内部要素,是为创业项目制订的一份完整、具体、深入的行动指南。所以,创业者在项目落地之前,必须撰写一份创业计划书,帮助创业者及团队梳理项目,进而判断项目的可行性、竞争力和盈利能力。

创业计划的逻辑架构如图 1-3-1 所示。

为什么做	**行业市场**:市场分析、市场痛点、行业趋势等
	竞争分析:竞争者、竞品分析、竞争优势等
怎么做	**产品服务**:解决方案、产品服务描述、知识产权、开发计划等
	商业模式:如何挣钱、如何盈利、执行情况等
谁来做	**创业团队**:核心成员、专家团队、组织架构、股权分配等
需要多少钱	**财务融资**:财务报表、财务预测、融资需求等
	发展规划:发展战略、未来计划等

图 1-3-1　创业计划的逻辑架构

(五)整合创业资源

对于每一个创业者来说,成功的条件都是不完全具备的,所以要学会挖掘和整合资源。创业计划制订好后,下一步是要整合能够接触到的各类资源,为开办企业做好准备。

(六)创办新的企业

企业是创业行为的产物,是创业者实现创业梦想的实体基础。创办新的企业包括选择适当的企业组织形式和经营地址、公司制度设计、企业注册等。值得注意的是,在成立新企业的过程中,一定要认真对待需要填写和提供的信息资料,避免以后引发麻烦。

(七) 获得创业回报

创业的目的在于获得创业回报,其实也就是产品使用价值及所有权转移的一个结果。在成立公司后,创业者首先要面临的就是经营和管理问题,完善相应的管理制度和体系,推进企业逐步走上正轨,产生收益回报。

积跬步以至千里,有轨道方达终点。创业的梦想不能仅仅停留在设想阶段,仰望星空的同时也要脚踏实地,创业者只有迈开行动的步伐,才能真正实现从零到一,再到无穷的跨越。一切准备就绪,接下来就要开启你的创业之路了。

【模块训练】

● 实践任务

开展社会实践调查

通过走访居住地的城镇社区或乡镇村庄,了解所在社区或所在村庄的资源情况,完成以下表格的填写。

1. 城镇社区

调查内容	现状
总人口数量	
老年人口数量	
青少年人口数量	
养老设施/养老院情况	
居家养老人数	
教育资源情况	
公共服务机构(例如,图书馆、活动中心、儿童托管室等)	
……	

2. 乡镇村庄

调查内容	现状
总人口数量	
农户数量	
耕地面积	
老年人口数量	
独居老人数量	
青少年人口数量	
留守青少年数量	
养老院数量	
教育资源情况	
公共服务机构(例如,图书馆、活动中心、儿童托管室等)	
……	

● 思考探究

(1) 创新创业的时代意义是什么?

(2) 你能获取哪些创业资源?

(3) 拓展探究:请选取以下2~3个名词,探究其概念内涵。

"双循环"新发展格局　"六稳""六保"　资源裂变　产业聚变

【 模块检测 】

扫描下方二维码,测一测你对本模块知识的掌握程度。

模块检测一

【 模块评估 】

（1）请对你的学习情况进行评价。

模块一 学习评估表

考评项目	考评内容	评分标准及要求	分值			得分
主题一：解密创业内涵	学习态度（20分）	课前完成线上预习与相应的学习任务；能够积极思考,主动发现和提出问题；能够大胆表达自己的观点,积极参与互动	好（15~20分）	较好（8~14分）	一般（1~7分）	
	知识掌握情况（30分）	创业的概念等相关知识	掌握（6~7分）	熟悉（3~5分）	了解（1~2分）	
		创业的类型等相关知识	掌握（6~7分）	熟悉（3~5分）	了解（1~2分）	
		创业与创新的关系等相关知识	掌握（7~8分）	熟悉（4~6分）	了解（1~3分）	
		创业与就业的关系等相关知识	掌握（7~8分）	熟悉（4~6分）	了解（1~3分）	
	学习效果（10分）	熟练掌握学习内容,顺利达成任务目标,完成模块检测	好（8~10分）	较好（6~7分）	一般（1~5分）	
主题一 得分						
主题二：解析创业价值	学习态度（20分）	课前完成线上预习与相应的学习任务；能够积极思考,主动发现和提出问题；能够大胆表达自己的观点,积极参与互动	好（15~20分）	较好（8~14分）	一般（1~7分）	
	知识掌握情况（30分）	创业对于国家的价值等相关知识	掌握（8~10分）	熟悉（5~7分）	了解（1~4分）	
		创业对于社会的价值等相关知识	掌握（8~10分）	熟悉（5~7分）	了解（1~4分）	
		创业对于个人的价值等相关知识	掌握（8~10分）	熟悉（5~7分）	了解（1~4分）	

续表

考评项目	考评内容	评分标准及要求	分值			得分
主题二：解析创业价值	学习效果（10分）	熟练掌握学习内容,顺利达成任务目标,完成模块检测	好（8~10分）	较好（6~7分）	一般（1~5分）	
		主题二　得分				
主题三：理清创业思路	学习态度（20分）	课前完成线上预习与相应的学习任务;能够积极思考,主动发现和提出问题;能够大胆表达自己的观点,积极参与互动	好（15~20分）	较好（8~14分）	一般（1~7分）	
	知识掌握情况（30分）	创业者素质等相关知识	掌握（8~10分）	熟悉（5~7分）	了解（1~4分）	
		创业资源等相关知识	掌握（8~10分）	熟悉（5~7分）	了解（1~4分）	
		创业阶段等相关知识	掌握（8~10分）	熟悉（5~7分）	了解（1~4分）	
	学习效果（10分）	熟练掌握学习内容,顺利达成任务目标,完成模块检测	好（8~10分）	较好（6~7分）	一般（1~5分）	
		主题三　得分				
实践任务	任务完成情况（40分）	按照要求完成实践任务,分析准确、操作流程正确、方案设计合理、内容具有较好的操作性,并落地实践	好（32~40分）	较好（24~31分）	一般（10~23分）	
		实践任务　得分				
总分 = 得分(主题一)×30% + 得分(主题二)×30% + 得分(主题三)×40% + 得分(实践任务)			模块一　总分			

评估人:_____　　时间:_____

(2) 学习完本模块,你还有哪些收获?

_____

_____

_____

_____

模块二

识机会　选项目

【模块导读】

▶ 知识地图

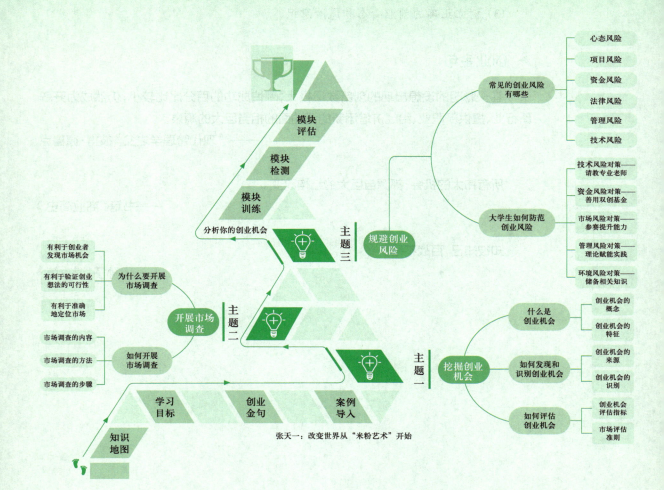

张天一：改变世界从"米粉艺术"开始

▶ 学习目标

● 知识目标

(1) 了解创业机会的含义，学会识别和评估创业机会

(2) 掌握市场调查的方法和步骤

(3) 了解创业的相关风险，学会规避风险的对策

● 能力目标

(1) 能够发现和分析创业机会

(2) 能够进行简单的市场调查

(3) 能够合理预判一些创业潜在风险并提出对策

● 素养目标

(1) 学会观察生活的细节，培养敏锐发现问题的能力

(2) 培养商机意识和转化意识

(3) 树立正确的创业心态和风险意识

▶ 创业金句

　　基于聪明的设想出现的创新数量极大，哪怕成功的百分比比较小，仍然成为开辟新行业、提供新职业、给经济增添新的活动面的相当巨大的源泉。

——"现代管理学之父"彼得·德鲁克

　　所有伟大的机会，都源自巨大的结构改变。

——书籍《商业简史》

　　知彼知己，百战不殆。

——《孙子·谋攻篇》

▶ 案例导入

张天一：改变世界从"米粉艺术"开始

在北京中关村创业大街上，曾有一家叫"伏牛堂"的米粉铺，是由北大法学硕士张天一于 2014 年毕业时创立的。"伏牛堂"是北京第一家正宗的常德米粉店，除了给在京奋斗的湖南人提供一个常聚的平台外，更致力于改变餐饮行业整体的职业认同。

创业缘由

张天一说，他不想过朝九晚五的生活，也不愿意做大单位背后的一颗螺丝钉，所以选择创业。大学期间曾开过饺子馆的他最终将创业项目锁定在餐饮行业。作为湖南常德人，他计划将常德牛肉米粉作为主推菜品，一来米粉是南方人的一种主食，很有市场；二来常德米粉虽然前期需要提前十小时熬制牛肉牛骨汤，而开始营业后，从煮粉到出餐，全部过程不超过 30 秒，具备了标准化操作的可能性。

拜师学艺

张天一和表弟周全回到常德，走街串巷试吃米粉，据说当时他们一天吃了 10 碗，吃得全身都"冒火"。兄弟二人想着拜师学艺，但都被拒之门外。失望之时，张天一无意间发现了一家口味非常正宗的米粉店，在征得老板同意之后，他们开始拜师、学艺，在无数个深夜一勺勺地称量每一种中草药、配料，又通过常德餐饮协会邀请到当地最有名的几家米粉店的主厨品尝，最后才制作出配方。

埋头苦干

门店于 2014 年 4 月 4 日开业，但因地下一层的地理位置不好，门庭冷落，张天一与合伙人凭借"90 后"对互联网创造商机的敏锐直觉，利用社交网络进行精准营销，微博、微信、社区论坛中凡是标签为"湖南"的用户，都成为他们的目标顾客。

2018 年 4 月 8 日，品牌由"伏牛堂"更名为"霸蛮"。从"伏牛堂"到"霸蛮"，张天一用心学习米粉制作技艺，采用线上推广和线下营销相结合的方式，把品牌效应发挥到了极致，"霸蛮"一年就卖出超过 2 500 万碗米粉。2021 年，张天一团队的"霸蛮：无界餐饮的数字化实践"项目在第七届中国国际"互联网 +"大学生创新创业大赛全国总决赛上一举夺金。

● 案例解析

民以食为天，"喜欢吃"是张天一创业的初心。作为地道的湖南人，他想在北京经营一家正宗的湖南常德米粉店。通过不懈的努力，他用一道简单的美食告诉世界，餐饮不仅是商业，更是一门需要不断追求完美的极致艺术。

主题一　挖掘创业机会

机不可失,时不再来。创业机会是一种特殊的商业机会,是滋生商业机会的重要源泉,每个创业者都应该主动地去寻找、识别和把握创业机会。

一、什么是创业机会

(一)创业机会的概念

创业机会是指具有吸引力的、较为持久的且有利于创业的商业机会,最终表现在能够为客户创造价值或增加价值的产品或服务之中,同时使创业者自身获益。

(二)创业机会的特征

(1)适时性。能够真正解决当前的市场问题或满足市场需求。

(2)重要性。顾客认为你提供的产品或者服务非常重要,能解决实际问题。

(3)获利性。顾客愿意为你的产品或者服务买单,且顾客群体数量较大,收入能超过你的成本。

(4)可操作性。在不久的将来,你能够获取这个创业想法的相关资源,并让你的创业项目落地实施。

(5)环境性。符合国家和地方政治、经济、法律、文化和政策等各类环境要求。

二、如何发现和识别创业机会

(一)创业机会的来源

外部环境的变化和自身能力的提升都有可能产生创业机会。外部环境的变化使得现状发生改变,创业者应从中发现差异并找到机会,比如社会治理能力的提升和方法的改进、科学技术的进步、社会人口状况的变动、产业政策的调整等。当创业者自身条件改善和能力提升时,也可能会发现创业机会。创业机会的来源包括以下几个方面。

1. 政策环境

国家产业政策是由国家制定的,引导产业发展方向、推动产业结构升级、协调产业结构,使国民经济健康可持续发展的政策。国家的战略部署和出台的相关政策,就像是市场的一根指挥棒,引导着市场走向。除了国家政策外,还有国家和地方性法规、决议文件、政令、规定等。对于创业者来说，只有认真研读这些相关文件，把握政策走向，抢占政策风口，方可最大限度争取政策红利。创业者需要响应政策号召，率先行动起来，才能抓住发展机遇。

例如，国家乡村振兴战略的总要求是产业兴旺、生态宜居、乡风文明、数字经济。在乡村振兴战略指引下，许多地方开始发展乡村特色旅游；二孩政策全面开放，三孩政策的提出，都为母婴、医疗健康、在线教育等行业带来了巨大的创业机会；"绿色低碳的生产方式和生活方式"的倡导让绿色建筑、低碳出行蕴含商机。

2. 技术革新

科学技术的不断突破与发展，使新技术代替了原有的技术，带来了新的功能、服务或者产品，新的创业项目也为此源源不断地涌现。其中，新技术对旧行业的改变比较好辨认，因为市场是成熟的，新技术的诞生使原有的市场发生了结构性的转变。

例如，人工智能时代的到来，出现了智慧餐厅、无接触式物流配送机器人、AI手语主播等。

3. 市场痛点

用户在使用产品或服务的过程中因更高、更挑剔的需求未被满足而形成了心理落差和不满，这种落差和不满会在用户的心智模式中聚焦成一个点，成为负面情绪爆发的原点，让用户感觉到"痛"。痛点就是那些市场不能充分满足，而客户迫切需要满足的需求，或是用户认为普遍存在的共性问题。因为存在痛点，才有做成产品的价值。

例如，在功能机时代，"手机摔不坏"确实是手机行业的一个痛点，但在智能手机时代，用户的痛点发生了很大改变，在某一阶段用户的需求可能是"操作更流畅""电池续航能力更强"和"性价比更高"等。

4. 客户需求

创业的根本目的就是满足客户的需求，当客户的一些需求无法得到很好的满足时，这意味着该领域没有人去做或者做得不够好，这也是一个新的商业机会。

例如，当今社会养宠物的人越来越多，宠物市场规模庞大，人们对宠物也越来越喜爱，因此市场上陆续出现了许多宠物店、宠物医院、宠物学校、宠物咖啡厅等。

> ▶ **案例分享**
>
> #### "饿了么"的诞生
>
> "饿了么"网络订餐平台（以下简称"饿了么"）的诞生源于一个"网瘾少年"打游戏时发现的一个问题。"饿了么"的创始人张旭豪考入上海交通大学

创业秘钥

>> 党的二十大报告指出，中国式现代化是人口规模巨大的现代化，是全体人民共同富裕的现代化，是物质文明和精神文明相协调的现代化，是人与自然和谐共生的现代化，是走和平发展道路的现代化。

创业秘钥

>> 当你听到消费者抱怨"我多么希望能够……"或"要是有一个什么样的产品或者服务多好……"时，说明客户需求未被满足，市场出现"痛"的现象，你就获得了一个潜在的创业机会。

什么是痛点

创业秘钥

>> 能够解决用户痛点和满足用户需求的创业机会，都是会有人买单的，但一定要注意区分是真需求还是假需求。

后,常常因打游戏而忘记吃饭。某天寝室里几个男生都沉浸在游戏中,却饿得饥肠辘辘,于是打算叫外卖,但他们打电话到餐馆,要么打不通,要么商家不送。这时张旭豪说:"如果能网上订外卖就好了。""这外卖,为什么不能在网上送呢?不如我们卖外卖吧。"就是源于这样的需求,他们的创业梦想被激活了。张旭豪决定开发一个网络订餐系统,把盒饭搬到网上卖。

5. 观念改变

随着时代的发展和社会的变迁,人们的生活习惯、消费方式、消费观念等随之发生变化,这些改变为创业者提供了巨大的商机。

例如,随着收入和生活水平的提高,人们形成了更加注重健康、舒适、环保的消费观念,从而出现了代餐轻食、人体工学鼠标、节能灯、绿色有机蔬菜等产品;同时赡养老人的理念和方式也开始发生了转变,由"养儿防老"到"社会养老。"

6. 兴趣爱好

兴趣爱好能持久激发一个人的潜力、创造力和激情。因为热爱,会更激情澎湃;因为热爱,会全心全意地投入;因为热爱,会拥有更多的技能、经验和资源。所以创业者可以将兴趣爱好转化为自己的创业想法,作为创业起点。

例如,你对摄影感兴趣,可以尝试经营一个摄影自媒体账号,拍摄各种图片上传社交媒体;你爱好旅行,可以开设一个公众号,将自己的所见所闻所感记录下来;你喜欢厨艺和美食,可以开设一家餐饮实体店,或者是通过网络平台分享自己品尝过的美食,做一名美食探店博主。

▶ 工具应用

国民经济行业分类

说明

国民经济行业分类是中华人民共和国国家标准,规定了全社会经济活动的分类与代码。1984年,由国家统计局、原国家标准局、原国家计委、财政部联合制定的《国民经济行业分类与代码》(GB 4754-84)是国民经济行业分类国家标准的最初版本。1994年、2002年、2011年和2017年,国民经济行业分类国家标准历经四次修订,并更名为《国民经济行业分类》,代码列举见表2-1-1。

工具

表 2-1-1　国民经济行业分类代码列举

代码				类别名称
门类	大类	中类	小类	
A				农、林、牧、渔业
	01			农业
		011		谷物种植
			0111	稻谷种植
			0112	小麦种植
			0113	玉米种植
			0119	其他谷物种植
……				……
B				采矿业
C				制造业
D				电力、热力、燃气及水生产和供应业
E				建筑业
F				批发和零售业
G				交通运输、仓储和邮政业
H				住宿和餐饮业
I				信息传输、软件和信息技术服务业
J				金融业
K				房地产业
L				租赁和商务服务业
M				科学研究和技术服务业
N				水利、环境和公共设施管理业
O				居民服务、修理和其他服务业
P				教育
Q				卫生和社会工作
R				文化、体育和娱乐业
S				公共管理、社会保障和社会组织
T				国际组织

微课启学：

创业机会的
识别

（二）创业机会的识别

创业机会的识别对于创业者来说至关重要，创业者可以通过新眼光调查、系统分析、问题导向、创新变革等方法识别创业机会。

1. 新眼光调查

（1）注重二级调查。该调查包括倾听别人的观点、查阅出版的作品、利用互联网搜索数据、浏览你所需要的资料等。

（2）开展初级调查。创业者通过不断获取信息，与顾客、供应商、销售商交谈并采访他们，了解市场目前的状况和未来需求。

（3）记录你的想法。创业者可以通过总结众多的想法和信息，对信息进行梳理和整合后，形成自己的观点。

例如，某大学毕业生在一本美食杂志上看到了关于手磨咖啡的报道，查阅相关资料之后，发现手磨咖啡更受咖啡爱好者的欢迎，其口感和味道更优。通过市场调查，他也了解到咖啡爱好者更喜欢定制不同口味的咖啡豆。因此，该毕业生开设了一间定制咖啡豆店，不仅售卖各种口味的咖啡豆，还制作不同口味的咖啡供客户选购。

2. 系统分析

绝大多数的机会都可以通过系统分析来发现。人们可以从企业的宏观环境（政治、法律、技术、人口等）和微观环境（顾客、竞争对手、供应商等）的变化中发现机会。

例如，2002 年 7 月，欧元成为欧元区唯一合法货币，但早在 2000 年，浙江海宁长虹皮件公司已经捕捉到十几个欧洲国家正在流通的货币尺寸小于统一的欧元主币尺寸的重要信息，于是抢占了先机，开发了 40 多款共计 230 万只欧元专用票夹，及时投放到欧洲市场，很快一销而空。

3. 问题导向

问题导向源于一个组织或个人面临的某个问题或者明确的需求，这是识别创业机会最快速、最精准、最有效的方法。需要注意的是，在采用问题导向方法发现机会的过程中，要把控问题的难易度，不可不切实际地探寻问题的解决方案，那样只会徒劳无获。

例如，有些顾客在用餐时，希望和朋友们听听音乐，畅聊人生。于是就出现了音乐餐厅。

4. 创新变革

通过创新变革获得创业机会的方式在高新技术、互联网行业中最为常见。这种创业机会的识别，通常是针对目前明确的或者未来潜在的市场需求，探索相应的新技术、新方法、新知识或新模式，或者是利用已有的某项技术发明、商业创意来实现新的商业价值。

例如，支付宝的诞生，改变了人们以往的支付方式。支付宝从指纹识别支付到人脸识别支付，也是一种创新。

三、如何评估创业机会

对于打算创办新企业的创业者而言，最大的风险就是过于自信和乐观，不切实际地认为事情会向对自己有利的方向发展,多数人都希望自己在关键时刻的表现超出平均水平,然而事实并非如此。这就亟须创业者面对各种创业选择的时候,作出正确的客观评价,保证企业的良性运作和可持续发展。

(一) 创业机会评估指标

通常,当创业者识别到某一创业机会时,要对这一机会进行可行性评估,其目的是确定这个机会到底有多少含金量,是否有必要进行更为详细的市场调查。全面的可行性评估可以帮助创业者更加深入地了解市场,并将他们所掌握的知识和信息转化为系统性较强的创业计划。但是,创业者往往缺少充足的时间和资金来分析潜在顾客聚集地、潜在竞争替代品和竞争者的结构成本以及项目方案,在市场评估阶段进行的机会审查往往存在不足,因此,创业团队在进行机会评估时可从以下五个指标来考量。

1. 能力

能力是指创业团队的能力、知识、经验能否与创业机会相匹配。

例如,福州友宝电子科技有限公司创始人应向阳是一位"85后"创业者,他非常痴迷科学技术,刻苦钻研科学知识,在大学期间靠自己的能力在福建省高新技术产业园开办了两家软件公司,也靠自己的能力研发了"蓝牙防盗器"并成功申请到国家专利。因为当时网购存在送货时间不固定、取货难的问题,于是他带领团队历时6个月研发了一种智能寄存缴费系统一体化的物联网便民储存柜,得到了社会的广泛认同,并在2013年作为"中国30位30岁以下创业者"之一,登上《福布斯》榜。

2. 创新

创新是指是否具有技术创新、模式创新、产品创新等创新点。

例如,郑州女孩张丽雯将当时人们当作废弃物的葡萄籽变废为宝,建起了一个葡萄籽榨油厂,把葡萄籽榨成油后投入市场销售,第一年就获得了500多万元。后来,她又把机器剥离出来的葡萄籽皮也进行绿色利用,将葡萄籽外皮同杏仁壳混合,经过高温碳化,活化后加工成活性炭。然而,在这样已经很成功的产品创新后,张丽雯仍然没有止步,利用活性炭韧性强、不易变形的特点将其压制成炭板后进行技术加工,变成了炭雕艺术品,一个此类的艺术品在当时市场上就能卖到上百万元。就这样,张丽雯通过产品和模式上的创新在创业路上收获了良果。

3. 资源

资源是指创业团队能否吸引必不可少的财力、物力和人力资源。

例如,"携程四君子"中梁建章是个计算机天才;季琦被称为"创业之父",创业成功率在整个中国都无出其右;沈南鹏在投资行业干了八年,经验丰富。这三个人因为共同的理想而走到一起,决定做旅游网站,三个人虽分别有自己擅长的领域,但是却都对旅游行业不熟悉,所以找到了范敏—— 一个对旅游行业有着丰富经验的人,最终这四个人共同建成了携程网,并获得了成功。

创业秘钥

>> 创业者要对创业机会进行评估,与自己能力和资源的匹配。做你擅长的事,做你最喜欢的事,做你最熟悉的事,做你最有人脉的事。

4. 回报

回报是指能否吸引消费者购买并持续购买，能否收回企业的成本并盈利。

例如，潘文伟在刚去广州时身上只带了 200 元，但他却凭借自己灵活的头脑和独特的眼光，在结识了一个销售安全监控设备的商人朋友后，将其设备推荐给家里开房地产公司的同学，充当起了双方谈判的桥梁，从而第一桶金就赚了 50 万元，并利用这第一桶金在大学城建立了一家网络公司。

5. 承诺

承诺是指创业团队成员是否对企业作出了承诺，对企业是否有激情。

例如，54 岁开始二次创业的李健全，将市场定位在日用消费棉制品上，就这样创立了全棉时代，并陆陆续续在 4 年间开了 80 家店，但最后经营不太好，关了 20 多家店，亏损了近 2 亿。但他并没有因此放弃，而是继续将目光聚焦在大型购物中心，把母婴市场作为突破口，继续开始创业，并一直坚守对消费者的信用，打造良好品质和服务质量，最终实现了全棉时代在市场中的突围，取得了成功。

创业者评价创业机会的原则是最短时间内摒弃缺乏前景的风险活动，节省资源和时间，从而去从事真正有望成功的活动。创业者应放弃缺乏经验和认识的相关领域和市场，创业机会如果不在自己的能力、创新、资源、回报、承诺五项评估指标范畴内，则可以迅速放弃，而剩下的机会则成为重点研究对象。

（二）市场评估准则

1. 市场定位

一个好的创业机会，必然具有特定的市场定位，专注于满足顾客需求，同时能为顾客带来增值。因此评估创业机会的时候，可从市场定位是否明确、顾客需求分析是否清晰、顾客接触通道是否流畅、产品是否持续衍生等方面来判断创业机会可能创造的市场价值。产品或服务带给顾客的价值越高，创业成功的概率也会越大。

2. 市场结构

市场结构包括进入障碍、供货商、顾客、经销商的谈判力量、替代性竞争产品的威胁以及市场内部竞争的激烈程度。市场结构分析可以反映新企业未来在市场中的地位以及可能遭遇的竞争对手反击程度。

3. 市场规模

市场规模大小与成长速度是影响新企业成败的重要因素。一般而言，市场规模大者，进入门槛相对较低，市场竞争激烈程度也会略微下降。如果要进入的是一个十分成熟的市场，那么纵然市场规模很大，由于已经不再成长，利润空间必然很小，因此恐怕就不值得再投入。反之，一个正在成长中的市场，通常也会是一个充满商机的市场，所谓水涨船高，只要进入时机正确，一定程度上总会有获利的空间。

4. 市场渗透力

对于一个具有巨大市场潜力的创业机会，市场渗透力（市场机会实现的过程）

评估将会是一项非常重要的影响因素。聪明的创业者知道选择在最佳时机进入市场,也就是市场需求正准备大幅成长之际。

5. 市场占有率

从创业机会预期可取得的市场占有率目标,可以显示公司未来的市场竞争力。一般而言,成为市场的领导者,最少需要拥有 20% 以上的市场占有率。如果低于5% 的市场占有率,则这个新企业的市场竞争力自然不高,也会影响未来企业上市的价值。

6. 产品的成本结构

产品的成本结构可以反映新企业的前景是否光明。例如,从物料与人工成本所占比重、变动成本与固定成本的比重以及经济规模产量大小,可以判断该企业创造附加价值的幅度以及未来可能的获利空间。

▶ 工具应用

创业机会评价策略

定性分析法

1. 评价创业机会需考虑的重要问题

1994 年,哈佛大学商学院教授斯蒂文森等人指出,对创业机会的充分评价需要考虑以下几个重要问题。

(1) 机会的大小、存在的时间跨度和成长的速度等问题。

(2) 潜在的利润是否足够弥补资本、时间和机会成本的投资,带来令人满意的收益。

(3) 机会是否开辟了额外的扩张、多样化或综合的商业机会。

(4) 在可能的障碍面前,收益是否会持久。

(5) 产品或服务是否真正满足了目标市场真实的需求。

2. 评价创业机会的五项基本标准

1998 年,美国贝勒大学教授贾斯汀·朗格内克等人提出了评价创业机会的五项基本标准。

(1) 对产品有明确界定的市场需求,推出的时机也是恰当的。

(2) 投资的项目必须具有持久的竞争优势。

(3) 投资必须具有一定程度的高回报,从而允许一些投资中的失误。

(4) 创业者和机会之间须相互适合。

(5) 机会中不存在致命的缺陷。

定量分析法

1. 标准打分矩阵法

标准打分矩阵法是指将创业机会评价体系的每个指标设定为最好（3分）、好（2分）一般（1分）三个打分标准，形成矩阵打分表（表2-1-2），在打分后，求出每个指标的加权平均分的一种评价方法。

表 2-1-2　标准打分矩阵参考表

标准	专家打分			
	最好(3分)	好(2分)	一般(1分)	加权平均分
易操作性				
质量和易维护性				
市场接受性				
增加资本能力				
投资回报				
专利权状况				
市场大小				
制造的简单性				
口碑传播力				
成长潜力				

这种方法简单易懂、易操作，主要用于不同创业机会的对比评价，其量化结果可直接用于机会的优劣排序。只用于一个创业机会的评价时，则可采用多人打分后进行加权平均的方法。该创业机会的加权平均分越高，说明越可能成功。一般来说，高于10分的创业机会可进一步规划，低于10分的创业机会则需要考虑淘汰。表2-1-2中列出了其中10项主要的评价因素，在实际使用时可以根据具体情况选择其中的全部或部分因素进行评估。

2. 蒂蒙斯机会评估量表

创业机会的有效识别依赖于客观和主观两方面：客观上良好的评价系统和评价指标，以及主观上创业者能够正确获得信息和感知机会的能力。部分研究中提到了一些利于创业机会识别的个人特性，包括警觉性、风险感知、自信、已有的知识、社会网络等。

蒂蒙斯总结出了一个包含八类分项指标的创业机会评价模型。蒂蒙斯认为，现实中有成千上万个适合创业者的特定机会，未必都能与这个评价模型相契合，但该模型是目前市面上包含比较完全评价指标的一套体系。该评价体系提供了一些量化方式，使创业者可以对热门行业、市场结构、竞争优势、经济结构和收入条件、管理团队、致命缺陷问题等作出判断，以及评判这些要素加起来是否可以组成一个有足够吸引力的商机。一些投资商、政府基金和创业大赛就是借用了该模型对创业项目进行评价,具体评价指标见表2-1-3。

表2-1-3　蒂蒙斯机会评估量表

评价要素	评价指标
行业和市场	1. 市场容易识别,可以带来持续收入
	2. 顾客可以接受产品或服务,愿意为此付费
	3. 产品的附加价值高
	4. 产品对市场的影响力高
	5. 将要开发的产品生命长久
	6. 项目所在的行业是新兴行业,竞争不完善
	7. 市场规模大,销售潜力达到1千万到10亿元
	8. 市场成长率在30%~50%,甚至更高
	9. 现有厂商的生产能力几乎完全饱和
	10. 在五年内能占据市场的领导地位,达到20%以上
	11. 拥有低成本的供货商,具有成本优势
经济因素	1. 达到盈亏平衡点所需要的时间在1.5~2年以下
	2. 盈亏平衡点不会逐渐提高
	3. 投资回报率在25%以上
	4. 项目对资金的要求不是很大,能够获得融资
	5. 销售额的年增长率高于15%
	6. 有良好的现金流量,能占到销售额的20%~30%以上
	7. 能获得持久的毛利,毛利率要达到40%以上
	8. 能获得持久的税后利润,税后利润率要超过10%
	9. 资产集中程度低
	10. 运营资金不多,需求量逐渐增加
	11. 研究开发工作对资金的要求不高
收获条件	1. 项目带来的附加价值具有较高的战略意义
	2. 存在现有的或可预料的退出方式
	3. 资本市场环境有利,可以实现资本的流动
竞争优势	1. 固定成本和可变成本低
	2. 对成本、价格和销售的控制较高
	3. 已经获得或可以获得对专利所有权的保护
	4. 竞争对手尚未觉醒,竞争较弱
	5. 拥有专利或具有某种独占性
	6. 拥有发展良好的网络关系,容易获得合同
	7. 拥有杰出的关键人员和管理团队

续表

评价要素	评价指标
管理团队	1. 创业者团队是一个拥有优秀管理者的组合
	2. 行业和技术经验达到了本行业内的最高水平
	3. 团队管理的正直廉洁程度能达到最高水准
	4. 团队管理者知道自己缺乏哪方面的知识
致命缺陷问题	不存在任何致命的缺陷问题
个人标准	1. 个人目标与创业活动相符合
	2. 创业者可以做到在有限的风险下实现成功
	3. 创业者能接受薪水减少等损失
	4. 创业者渴望进行创业这种生活方式,而不只是为了营利
	5. 创业者可以承受适当的风险
	6. 创业者在压力下状态依然良好
理想与现实的战略差异	1. 理想与现实情况相吻合
	2. 管理团队成员已经形成一定的默契
	3. 在客户服务管理方面有很好的服务理念
	4. 所创办的事业顺应时代潮流
	5. 所采取的技术具有突破性,不存在许多替代品或竞争对手
	6. 具备灵活的适应能力,能快速地进行取舍
	7. 始终在寻找新的机会
	8. 定价与市场领先者几乎持平
	9. 能够获得销售渠道,或已经拥有现成的网络
	10. 能够允许失败

主题二　开展市场调查

常言道:"知彼知己,百战不殆。"随着经济水平的迅速提升,越来越多的企业都开始有计划地进行市场调查,以便获取更多市场信息。

一、为什么要开展市场调查

市场调查是指用科学的方法,有目的、系统地收集、记录、整理和分析市场情况。对于创业者和企业而言,开展市场调查有以下好处。

(一) 有利于创业者发现市场机会

通过市场调查可以了解市场可能的变化趋势,以及消费者潜在的购买动机和需求,有助于创业者识别最有利可图的市场机会,为企业提供发展契机。

(二) 有利于验证创业想法的可行性

当创业者识别到了创业机会后,通常可通过对市场开展进一步的调查,来验证创业想法的可行性,增加创业成功的概率。

(三) 有利于准确地定位市场

通过市场调查可以了解当前相关行业的发展状况和市场需要,进而准确地定位市场,更好地满足顾客的需要,增强竞争力。

二、如何开展市场调查

(一) 市场调查的内容

1. 创业环境

通过对创业环境的调研,预测行业未来的发展前景。创业环境包括创业者拟开展创业活动所在国家或地区的政治、经济、人口、社会文化、科技、资源、地理气候等外部环境,以及创业项目所属行业的市场区域范围、规模大小、规模经济特征、行业进入与退出难易度、市场成熟度、对资源的要求、市场增长速度、行业总体盈利水平等。

2. 顾客情况

顾客可以是原有的客户,也可能是潜在的顾客。顾客情况调查包括以下两个方面的内容。

(1) 顾客的需求调查。例如,购买某种产品或服务的顾客大都是什么身份,现在的产品或服务满足了他们哪些需求,为什么能够较好地满足他们的需求以及他们希望进一步满足哪些需求。

(2)顾客的分类调查。重点了解顾客的数量、特点及分布,明确目标顾客,掌握他们的详细资料。

顾客的性质如果属于某类企业或单位,应了解其基本状况,如进货渠道、采购管理模式、联系电话、办公地址、某项业务负责人的具体情况和授权范围、对某种产品和服务项目的需求程度、购买习惯和特征等;顾客如果是消费者个人,应了解消费群体的特征,即目标顾客的大致年龄范围、性别、消费特点、对产品或服务能接受的价格范围和对产品或服务的需求程度、购买动机、购买心理、使用习惯等。

3. 竞争对手

竞争对手包括直接竞争对手和潜在竞争对手。市场上如果已经有人做了相同或类似的业务,这些就是直接的竞争对手。如果创业者开展的业务是全新的,有独到之处,在刚开始经营的时候没有直接竞争对手,然而一旦生意兴旺起来,马上就会有许多人学习、模仿并竞相加入,这些就是潜在竞争对手。

了解竞争对手的情况,包括竞争对手的数量与规模、分布与构成、优缺点及营销策略,做到心中有数,才能在激烈的市场竞争中占据有利位置,有的放矢地采取竞争策略,做到人无我有、人有我优、人优我独、人独我精。

4. 市场需求

市场定位是指确定企业及产品在目标市场上所处的位置,市场需求调查是其中的一个重要组成部分。一是对产品或服务的需求量进行调查。例如,创业者想创办一家眼镜店,应调查一下市场对它的需求量,相同或相类似的店铺有多少,其市场占有率是多少等;二是市场需求趋势调查,即了解市场对某种产品或服务项目的长期需求态势,该产品或服务项目是逐渐被人们认同和接受、需求前景广阔,还是逐渐被人们淘汰、需求萎缩,该产品或服务项目从技术和经营两方面的发展趋势如何等。

5. 市场销售

创业者要重点调查目前市场上经营某种产品或服务的促销手段、营销策略、销售方式等。市场销售具体包括销售渠道、销售环节、最短进货距离和最少批发环节、广告宣传方式、价格策略、促销手段、销售方式等,应调查一下这些经营策略是否有效,有哪些缺点和不足,从而调整自己的经营策略与手段。

(二)市场调查的方法

1. 直接调查法

收集市场信息最直接的方法就是直接观察或调查相关人员,根据得到的答案或信息整理出有用的市场信息,常用的直接调查法如表 2-2-1 所示。

微课启学:

常见的市场
调查方法

表 2-2-1 常用的直接调查法对比

方法	内容	优点	缺点
问卷调查法	问卷调查法是指根据调查或收集信息的目的,将需要搜集的信息分为一个个具体的问题并集中在一张调查表上,根据被调查者的回答,整理出能反映市场总体信息的一种调查方式	访问过程较直接,易于操作;所收集的数据比较可靠;数据的整理、分析和解释都比较简单	对于涉及个人隐私、感情、信仰等方面的敏感问题,被调查者可能不愿意回答,甚至是不能回答,这些都可能影响数据的有效性;问题的措辞设计很有讲究
面谈访问法	面谈访问法是指访问人员根据收集信息的提纲直接访问被访问者,当面询问有关问题。它既可以是个别面谈,主要通过口头询问;也可以是群体面谈,可通过座谈会等形式	回答率高,可通过调查人员的解释和启发来帮助被访问者完成信息收集的任务;可以根据被访问者的性格特征、心理变化、对访问的态度及各种非语言信息,扩大或缩小收集范围,具有较强的灵活性;可有针对性地设计访问环境和访问背景	人力、物力耗费较大;要求访问人员的素质较高;对访问人员的管理较困难;此方法也可能会受到一些单位和家庭的拒绝,从而导致任务无法完成
电话询问法	电话询问法是指工作人员通过电话向被访问者询问,并了解有关问题	取得市场信息的速度较快;节省收集费用和时间;信息的覆盖面较广;可以访问到一些不易见到面的被访问者,如某些名人等	获取被访问者电话的难度较大;电话提问受到访问者能接受的时间限制;对于某些专业性较强的问题无法获得所需的信息资料;很难针对被访问者的性格特点控制其情绪
观察调查法	观察调查法指收集信息的工作人员凭借自己的感官和各种记录工具,深入被观察者现场,在被观察者未察觉的情况下,直接观察和记录被观察者的行为	可以实地记录市场现象的发生,能够获得直接而具体的生动材料。观察法不要求被观察者具有配合收集工作的语言表达能力或文字表达能力,因此适用性也比较强。观察调查法还有资料可靠性高、简便易行、灵活性强等优点	只能观察到人的外部行为,不能说明其内在动机,观察活动受时间和空间的限制,被观察者有时难免受到一定程度的干扰而不完全处于自然状态等

2. 间接法

间接法就是收集已存在的、别人调查整理的二手信息、情报、数据或资料。这些信息收集起来比较方便,容易,费用少,来源广,节省时间。间接法主要包括以下几个主要渠道。

（1）互联网。利用搜索引擎输入需要收集的信息的关键词,将会得到很多想要的信息,尤其是浏览中华人民共和国科学技术部、国家发展和改革委员会、工业和信息化部、人力资源和社会保障部等政府部门网站,可以得到很多具有参考和分析价值的资料。

（2）统计部门与各级各类政府主管部门公布的有关资料。国家统计局和各地方统计局都会定期发布统计公报等信息,并定期出版各类统计年鉴,内容包括全国人口总数、国民收入、居民购买力水平等，这些均是很有权威和价值的信息。

（3）各种经济信息中心、专业信息咨询机构、各行业协会和联合会提供的市场信息和有关行业情报。这些机构的信息系统资料齐全，信息灵敏度高，为了满足各类用户的需要，它们通常还提供资料的代购、咨询、检索等服务，是获取资料的重要来源。

（4）国内外有关的书籍、报纸、杂志所提供的文献资料，包括各种统计资料、广告资料、市场行情和预测资料等。

（5）生产和经营机构提供的商品目录、广告说明书、专利资料及商品价目表等。

（6）各地广播电视台提供的相关市场信息。近年来，全国各地的广播电视台为适应市场经济形势发展的需要，都相继开设了"市场信息""经济博览"等以传播经济、市场信息为主导的专题节目。

（7）各种国际组织、外国使馆、商会提供的国际市场信息。

（8）国内外各种博览会、展销会、交易会、订货会等促销会议以及专业性、学术性经验交流会议上发放的文件和材料。

（三）市场调查的步骤

一个完整的市场调查活动一般包括四个阶段，即调查准备阶段、调查设计阶段、调查实施阶段、调查结果处理阶段，具体分为以下几个步骤。

（1）确定市场调查的目标，并明确需要获得哪些信息。

（2）确定市场调查的细节问题，诸如信息的来源、进行调查的时间和成本、收集信息的方法等，逐步形成一个具体的行动计划。

（3）选择调查样本，决定所要采用的联系方式或访谈方式。

（4）准备调查问卷和访谈计划。

（5）开展调查，收集并分析数据。

（6）完成调查报告。

创业秘钥

>> 对于初创企业，在资金和人力都有限的情况下，可以通过借助线上及网络平台快速了解市场信息。例如，在电商平台搜索同类产品或服务，关注产品或服务的价格、销量和消费者评价。

微课启学：

如何设计调查问卷

▶ 工具应用

市场调查问卷通用模板

说明

（1）调查问卷设计需要了解顾客的基本情况（年龄、性别、职业、收入等），进行目标客户筛选，明确细分市场。

（2）调查问卷设计需要掌握当前的市场情况，调查当前产品或服务的优势、劣势及当前该产品的相关市场品牌种类，了解顾客需求，明确产品改进的方向及竞争对手。

（3）调查问卷设计需要考虑市场销售渠道、顾客偏好以及从哪些渠道了解产品，明确市场销售策略及渠道。

范例

［单选题］您的年龄？

（目的：了解市场购买人群的年龄结构，了解不同年龄段消费人群购买特点。）

［单选题］您的职业性质？

（目的：了解市场购买人群的职业特点，明确细分市场。）

［单选题］您了解 ×× 产品或服务吗？

（目的：了解产品或服务的知名度，找准目标客户及潜在客户。）

［多选题］您觉得当前市场的 ×× 产品或服务哪点吸引您购买？

（目的：了解当前市场消费情况及产品或服务优势。）

［单选题］您对 ×× 产品或服务价格的接受范围是多少？

（目的：了解当前市场情况及产品或服务的价格敏感度。）

［多选题］您觉得 ×× 产品或服务有哪些方面需要改进？

（目的：了解当前市场上产品或服务的情况。）

［单选题］您了解 ×× 产品或服务哪些品牌？

（目的：了解当前市场上竞争对手的情况。）

［单选题］您一般通过什么渠道了解 ×× 产品或服务？

（目的：了解市场销售渠道。）

市场调查报告通用模板

调查对象基本情况

（1）调查对象中男女比例、各类职业占比、年龄情况。根据调查人群的结果分析产品或服务的购买、消费人群。

（2）调查对象的收入情况。根据消费水平调查结果，分析定价范围。

当前市场产品或服务情况

（1）当前市场产品或服务的优势或劣势分析。根据消费人群调查结果分析。

（2）当前市场产品或服务竞争对手分析。根据顾客品牌、消费偏好分析竞争对手。

消费心理分析

（1）消费者消费的动因分析。

（2）消费者对市场的价格敏感度分析。

销售渠道分析

（1）消费者了解、购买产品或服务的渠道偏好分析。

（2）各种销售渠道的利润率分析。

结论

根据调查结果,总结、分析 ×× 产品或服务的购买人群特征及消费心理,定位目标客户;分析确定当前产品或服务的优、劣势及竞争对手,设计、更新产品或服务,以满足消费者需求;找准销售渠道,扩大产品或服务的知名度,以达到销量最大化。

主题三　规避创业风险

创业有风险,创业者需要具有风险意识。在创业过程中,创业者要提前做好相应的措施,降低和避免创业风险。

微课启学:

创业风险

一、常见的创业风险有哪些

(一) 心态风险

眼高手低、纸上谈兵、难以承受挫折等是大学生创业者最常见的心态风险。其主要表现为把创业问题简单化、理想化,创业想法往往因一时的创业激情而起;过分夸大创业困难,或过高估计创业压力,过低估计自身价值,妄自菲薄,没有信心和勇气面对创业;心理承受能力和自我调节能力较差,创业受挫后易产生强烈的挫折感,忧心忡忡,胆怯心虚,自我设限,错失许多机会。

(二) 项目风险

项目风险是指在创业初期因选择的创业项目不当,导致企业无法盈利而难以生存的风险。主要表现为大学生创业激情高,但没有进行科学的市场分析,不考虑自己的实际情况,盲目地模仿或者选择项目,如此企业发展的风险就会较大,从而影响创业的成功。

(三) 资金风险

资金风险是指因资金不能适时供应而导致创业失败的可能性。对于新创企业而言,资金缺乏是最为普遍的问题,如果创业者不能及时解决这个问题,非常容易导致创业夭折。企业创办起来后,缺少发展资金会造成企业的现金流中断,不能支持企业的正常运作,使企业发展停滞不前甚至倒闭。

(四) 法律风险

大学生由于缺乏社会经验,法律观念不强,维权意识淡薄,在创业开始时乃至整个过程中都有可能深陷法律陷阱。对大学生创业者来说,尤其要注意各类合同的法律效力,比如在与客户签订合同时,不注意审查对方的主体资格,不调查、了解对方的信用、履行合同的能力以及还债能力等情况,往往会导致合同无效、对方无力履行合同甚至钱款被骗等情况的发生。

(五) 管理风险

由于不谙经营的"游戏规则",一些大学生创业者虽然在专业技术上出类拔萃,但财务、营销、采购、宣传、管理等方面的能力明显不足。大学生有理想与抱负,但初涉商场,因知识单一,又缺乏实践经验,往往出现决策随意、信息不通、理念不清、用人不当等状况,对具体的市场开拓缺乏相关的经验与知识。在这种情况下,大学生创业就会遇到各种难以预见的管理风险,很可能会使大学生创业者犯下低级错误,进而导致创业困难甚至失败。

(六) 技术风险

创业技术风险是指由于技术上的不足或缺陷以及技术分析和决策失误等原因而给创业带来的风险。

技术风险的种类很多,主要类型有:技术不足风险、技术开发风险、技术保护风险、技术使用风险、技术取得与转让风险。

二、大学生如何防范创业风险

创业者要认真分析自己在创业过程中可能会遇到哪些风险,一旦这些风险出现,要懂得如何应对和化解。

(一) 技术风险对策——请教专业老师

在大学生创业的过程中,专业老师是不可或缺的重要资源。专业老师在本领域的科研成果具有前瞻性和应用性,一定程度上能降低技术前景和技术效果的不确定性。大学生在老师的指导下进行技术创新,能有效规避技术风险。

(二) 资金风险对策——善用双创基金

当前,高校和社会为大学生创业者提供了各类创新创业基金(简称"双创基金")支持,如中国社会福利教育基金会发起的中国大学生创业基金、共青团中央发起的中国青年创业就业基金等。另外,各类创业大赛也为优秀项目提供了创新创业基金。

(三) 市场风险对策——参赛提升能力

选对项目是应对市场风险的基础,但项目选择与策划并不是一蹴而就的,这种能力需要不断在实战中打磨。因此,大学生在校期间可以多多参加创新创业比赛,通过不断优化和完善创业计划书,提升自己选择项目的眼光和敏锐度。

(四) 管理风险对策——理论赋能实践

不少大学生创业者在校园里初步学习了企业管理相关的理论知识,但并不能很好地将其运用于创业实践中。一方面,创业者应该提升对管理理论知识的重视,避免凭个人偏好进行企业管理;另一方面,应在导师的指导下,加强创新创业的实践探索。

(五) 环境风险对策——储备相关知识

对外部政策、法律环境不敏感是大学生创业者普遍存在的问题。在创业过程中,我们不仅要关注项目本身,更要关注所处地区、行业、产业链的政策趋势。只有不断学习和储备相关知识,才能更好地规避创业项目所面临的外部环境风险。

创业秘钥

>> 创业风险的高低取决于创业者对项目的谋划和对资源的整合能力。

【模块训练】

● **实践任务**

分析你的创业机会

根据本章所学,挖掘 1~2 个适合自己的创业机会,并完成以下分析。

1. 创业机会描述

(1) 描述你的创业构想。

_____

_____

_____

(2) 简述创业构想的来源。

_____

_____

_____

2. 创业机会评估

(1) 能力(专业知识、相关技能等)。

_____

_____

_____

(2) 基础(专利发明,创业模式等)。

_____

_____

_____

(3) 资源(资金来源、人脉、场地物料等)。

_____

_____

_____

(4) 回报(吸引力与回报率)。

_____

_____

_____

(5) 承诺(员工的忠诚度、投资人的承诺等)。

_____

_____

_____

3. 竞争优势分析

和_____(企业)相比,优势 1:_____

_____

_____

和_____(企业)相比,优势 2:_____

_____

_____

和_____(企业)相比,优势 3:_____

_____

_____

● **思考探究**

(1) 有价值的创业机会有哪些特征?

(2) 你认为应该如何防范创业风险?

(3) 拓展探究:从顾客购买产品的原因角度,探索以下名词的概念。

痛点　爽点　痒点

【模块检测】

扫描下方二维码,测一测你对本模块知识的掌握程度。

模块检测二

【模块评估】

(1) 请根据你的学习情况进行评价。

模块二　学习评估表

考评项目	考评内容	评分标准及要求	分值			得分
主题一：挖掘创业机会	学习态度（20分）	课前完成线上预习与相应的学习任务；能够积极思考，主动发现和提出问题；能够大胆表达自己的观点，积极参与互动	好（15~20分）	较好（8~14分）	一般（1~7分）	
	知识掌握情况（30分）	创业机会的概念及特征	掌握（6~7分）	熟悉（3~5分）	了解（1~2分）	
		创业机会的来源及识别	掌握（7~8分）	熟悉（4~6分）	了解（1~3分）	
		创业机会的评估指标	掌握（6~7分）	熟悉（3~5分）	了解（1~2分）	
		市场评估准则	掌握（7~8分）	熟悉（4~6分）	了解（1~3分）	
	学习效果（10分）	熟练掌握学习内容，顺利达成任务目标，完成模块检测	好（8~10分）	较好（6~7分）	一般（1~5分）	
		主题一　得分				
主题二：开展市场调查	学习态度（20分）	课前完成线上预习与相应的学习任务；能够积极思考，主动发现和提出问题；能够大胆表达自己的观点，积极参与互动	好（15~20分）	较好（8~14分）	一般（1~7分）	
	知识掌握情况（30分）	开展市场调查的必要性	掌握（8~10分）	熟悉（5~7分）	了解（1~4分）	
		如何开展市场调查	掌握（16~20分）	熟悉（8~15分）	了解（1~7分）	
	学习效果（10分）	熟练掌握学习内容，顺利达成任务目标，完成模块检测	好（8~10分）	较好（6~7分）	一般（1~5分）	
		主题二　得分				
主题三：规避创业风险	学习态度（20分）	课前完成线上预习与相应的学习任务；能够积极思考，主动发现和提出问题；能够大胆表达自己的观点，积极参与互动	好（15~20分）	较好（10~14分）	一般（1~9分）	
	知识掌握情况（30分）	常见的创业风险	掌握（8~10分）	熟悉（5~7分）	了解（1~4分）	
		如何防范创业风险	掌握（16~20分）	熟悉（8~15分）	了解（1~7分）	
	学习效果（10分）	熟练掌握学习内容，顺利达成任务目标，完成模块检测	好（8~10分）	较好（6~7分）	一般（1~5分）	
		主题三　得分				
实践任务	任务完成情况（40分）	按照要求完成实践任务，分析准确、操作流程正确、方案设计合理、内容具有较好的操作性，并落地实践	好32—40分	较好24—31分	一般10—23分	
		实践任务　得分				
总分 = 得分（主题一）×30%+ 得分（主题二）×30%+ 得分（主题三）×40%+ 得分（实践任务）			模块二　总分			

评估人：_____　　　时间：_____

(2) 学习完本模块,你还有哪些收获?

_____

_____

_____

_____

模块三

建团队　优架构

【模块导读】

▶ 知识地图

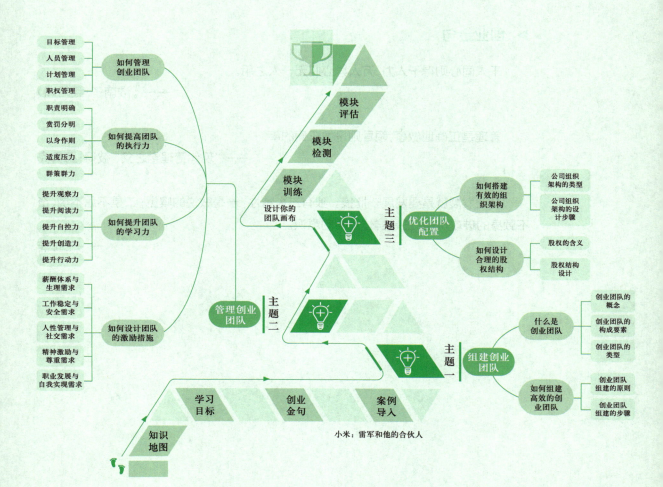

小米：雷军和他的合伙人

▶ 学习目标

● 知识目标

(1) 了解创业团队的组建原则和步骤。

(2) 掌握创业团队的管理方法。

(3) 理解创业团队的组织架构和股权结构。

● 能力目标

(1) 能够根据项目需求,遴选成员并组建创业团队。

(2) 能够掌握团队管理技巧和策略。

(3) 能够进行权责分工,进行合理的股权分配。

● 素养目标

(1) 具备团队合作精神和协作能力。

(2) 具备独立思考能力,并按团队分工完成任务。

▶ 创业金句

千人同心则得千人力,万人异心则无一人之用。

——《淮南子·兵略训》

管理是正确地做事,领导则是做正确的事。

——"现代管理学之父"彼得·德鲁克

企业发展就是要发展一批狼。狼有三大特性:一是敏锐的嗅觉;二是不屈不挠、奋不顾身的进攻精神;三是群体奋斗的意识。

——任正非

▶ 案例导入

小米：雷军和他的合伙人

小米科技有限责任公司（以下简称"小米"）于 2010 年 3 月 3 日成立，是一家以手机、智能硬件和 IoT 平台为核心的互联网公司，由前 Google、微软、金山等公司的顶尖高手组建而成。

小米成立之初的"八大金刚"

创始人雷军，毕业于武汉大学，1992 年参与创办金山软件，1998 年出任金山软件 CEO。1999 年创办了卓越网。2010 年创立了小米公司。

联合创始人 7 人，林斌（Google 中国工程研究院副院长）负责战略合作，王川负责小米电视与小米盒子，刘德（原北京科技大学工业设计系主任）负责生态链，黎万强（原金山词霸总经理）负责市场营销与小米网，洪锋（原 Google 中国高级产品经理）负责 MIUI，黄江吉（原微软中国工程院开发总监）负责路由器、云服务与米聊，周光平（原摩托罗拉北京研发中心高级总监）负责手机研发和供应链。

谷底自救，昔日良人劳燕分飞

2017 年 1 月的年会上，雷军发表了一番日后多次被引用的演讲："我们冲得太快，创造了现代商业史上的成长奇迹，但也提前透支了一部分成长性。所以，我们必须放慢脚步、认真补课，而且早补要比晚补好，温火慢补要比急火猛药好。"

昔日的创始团队，也开始发生了变化。周光平在小米成立的前期的确为小米的发展做出了极大的贡献，但是 2015 年他负责的供应链出现了问题，使得小米陷入危机之中。2016 年小米正式成立探索实验室，研究 VR/AR、机器人等前沿科技，但是黄江吉负责的 VR 领域行业不景气，产品不温不火。

显然，曾为小米创造奇迹、开疆拓土、立下汗马功劳的周光平和黄江吉，在近几年小米快速发展的节奏中逐渐掉队，因为个人原因跟不上团队的需要，于 2018 年 4 月选择了离职，黎万强也于 2020 年 6 月卸任了小米旗下多家公司的高管职务。

● 案例解析

小米的创始人构建团队时，在人员的选择上是经过深思熟虑的，他们每个人都是能在各自专业领域中独当一面的人物，丰富的从业经验和精湛的专业能力使小米团队具备了以合伙人模式发展的基础。但在企业日后的发展中，即使是联合创始人或者高管，如果不能及时适应和跟随企业的发展步伐，终将被淘汰。

主题一　组建创业团队

如何打造创业团队是所有创业者非常费心和必须解决的事情。因为个人能力再强，也难免有失误和考虑不周的时候，这个时候团队的重要性就体现出来了。

一、什么是创业团队

（一）创业团队的概念

创业团队是指为进行创业而形成的集体。这种集体不同于一般意义上的社会团体，它存在于企业之中，因创业的关系而联结起来，却又超乎个人、领导和组织之外。

（二）创业团队的构成要素

创业团队的构成包括五要素，又可以称为"5P要素"，它是由目标（Purpose）、人员（People）、定位（Place）、权限（Power）和计划（Plan）组成的（图3-1-1）。当组建创业团队时，需要重点考虑这五要素。

图 3-1-1　5P 要素

1. 目标

创业团队中的每个成员都应有一致的、明确的目标，这样才能拧成一股绳，劲儿往一处使。目标引导着团队成员的思想和行为，没有目标，团队就没有存在的价值。

2. 人员

人员是构成创业团队最核心的力量，目标是通过人员具体实现的，所以人员的选择是创业团队中非常重要的一个部分。一个团队需要不同的人通过分工来共同完成团队的目标，因此在人员选择方面要充分考虑人员的知识、能力、经验与技能是否互补等因素。

3. 定位

创业团队的定位包含两层意思：一是团队整体的定位，确定团队在企业中处于什么位置，由谁选择和决定团队的成员，团队最终应对谁负责等；二是个体的定位,对团队成员进行明确分工,确定各自需要承担的责任。

4. 权限

在创业团队当中,权限分为两个层面:一是团队领导人的权力。团队领导人的权力大小与创业团队的发展阶段相关。一般来说,随着团队的发展,领导者拥有的权力会随之减少。二是团队权力。团队权力要确定何人在组织中拥有哪些决定权,如财务决定权、人事决定权等。

5. 计划

计划是对预期目标所做出的安排,是未来行动的方案。只有扎实认真地落实计划,创业团队才会不断贴近目标并最终实现目标。

(三) 创业团队的类型

正如世间没有两个完全一样的人,由人组成的团队也自然不可能完全一样。但是根据创业团队的共通性,可以将其分为三种类型。

1. 星状创业团队

星状创业团队(图 3-1-2)一般指团队中有一个核心人物充当领队的角色。星状团队在形成之前,一般是核心人物有了创业的想法,他的创业想法形成团队的思想,然后根据自己的设想进行创业团队的组建,成员由他来选择,成员在团队中更多的时候是担当支持者的角色。

星状创业团队具有如下特点。

(1) 组织结构紧密,向心力强。核心主导人物的能量大,因此在许多事情上决策程序也相对简单,组织效率较高。

(2) 容易导致权力过分集中,加大了决策失误的风险。

2. 网状创业团队

网状创业团队(图 3-1-3)的成员一般在创业之前都有密切的关系,如同学、亲戚、同事、朋友等,一般都是在交往过程中,共同认可某一创业想法后,就创业目标达成共识。

微课启学:

创业团队的
类型

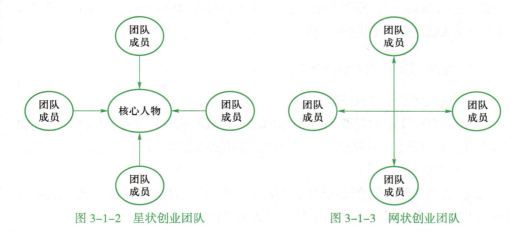

图 3-1-2 星状创业团队　　　　图 3-1-3 网状创业团队

之后,大家根据各自的特点自发地组织角色分工,共同开始创业。

网状创业团队具有以下特点。

(1) 当团队成员之间发生冲突时,一般都采取平等协商、积极解决的态度消除冲突。因此,只要矛盾得以解决,团队成员不会轻易离开。

(2) 一旦团队成员间的冲突升级,使某些团队成员撤出团队,就容易导致整个团队涣散。

例如,"奇点兄弟"公司的创始人孟兵、宋鑫和罗高景三人是在西安交通大学北京校友会上认识的,宋鑫是土木工程出身,孟兵和罗高景懂 IT 技术,商量后三人一拍即合,开始了创业。但因业务实在不佳,半年后便开始转做肉夹馍,另一个合伙人袁泽陆加入,创立了"西少爷"肉夹馍品牌。这样的团队就是网状创业团队。

3. 虚拟星状创业团队

虚拟星状创业团队(图 3-1-4)是由网状创业团队演化而来的。虚拟星状创业团队中有一个核心人物,但是该核心人物地位的确立是团队成员协商的结果,因此核心人物从某种意义上说是整个团队的代言人。这种团队的决策既集中又民主,是一种比较理想的创业团队类型。

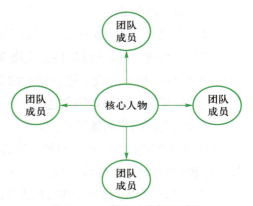

图 3-1-4　虚拟星状创业团队

虚拟星状创业团队具有以下特点。

(1) 团队的抗压能力、抗风险能力强。

(2) 团队组建需要长期的创业经验积累,这样才能避免核心人物作用不大、团队成员不干实事等问题。

例如,腾讯公司的核心人物是擅长产品跟技术的马化腾,但他还有技术天才张志东、法律专家陈一丹、投资专家曾李青、全才许晨晔,共同组成了"腾讯五虎将"。这样的团队就是虚拟星状创业团队。

二、如何组建高效的创业团队

(一) 创业团队组建的原则

在组建创业团队前需要了解团队组建的基本原则,这样才能使团队构成更加合理,最大限度地发挥团队的作用。组建创业团队需要遵循以下原则。

1. 共同理念

团队成员的理念和价值观相同,才能保证项目在长期的发展中,人与人之间的争执和矛盾得到化解,大家能齐心协力为实现目标而奋斗。

2. 目标明确

创业目标必须明确、合理、切实可行，这样才能使团队成员清楚地认识到共同的奋斗方向，才能真正起到激励作用。

3. 互补原则

只有当团队成员相互间在知识、技能、经验等方面实现互补时，才有可能通过相互协作发挥出"1+1＞2"的协同效应。

4. 精简高效

为了减少创业期间的运作成本，使各成员分享到更多创业成果，创业团队的人员应在保证企业高效运作的前提下尽量精简。

5. 动态开放

创业是一个充满不确定性的过程，团队中有的成员可能由于能力、观念等方面的原因离开，同时也会有新成员不断加入其中。因此，大学生创业者在组建创业团队时，应注意保持团队的动态性和开放性，使真正合适的成员留在创业团队中。

▶ 工具应用

创业团队的角色分工

被誉为"团队角色理论之父"的英国团队管理专家梅雷迪思·贝尔宾在观察与分析成功团队时发现，一支结构合理的团队应该由九种不同的角色组成，这九种角色分别是完成者、执行者、鞭策者、协调者、外交者、凝聚者、智多星、专业师和审议者（图 3-1-5）。这就是著名的"贝尔宾团队角色理论"。

图 3-1-5 贝尔宾团队角色理论

没有完美的个人,但可以有完美的团队。此理论可以帮助创业者在构建团队时,确保每个职位的逻辑性与完整性,并让团队成员正确分析自我能力与特质,找准自己在团队中的定位,同时不断优化自己的能力,形成优势互补,实现"1+1>2",从而塑造一支完美的创业团队。

表3-1-1中所列为贝尔宾团队角色理论的九种角色分工,而事实上,创业团队通常不会有这么多人,更何况一支完美团队的形成也不可能一蹴而就。但是,这个理论框架至少给我们提供了一个重要的信息,那就是角色之间的能力互补,我们仍然可以参考这种成功团队的组合结构,尽量按照这个标准去组建自己的团队、去规划和寻找合适的成员。而在创业初期,我们完全可以一个人兼任不同的角色,成员之间也可以轮换角色,这样依然可以取得较好的成效。待队伍壮大、时机成熟,一支结构更合理、成员更多元、运行更高效的完美团队自然也就形成了。因此,创业者可以在深刻理解其内涵的基础上,灵活地决定团队成员的分工。

表3-1-1　贝尔宾团队角色理论的九种角色分工

角色	角色特点	承担工作
外交者	外向敏感、好奇心强、善于交际	承担团队对外交流工作
专业师	孤芳自赏、维护标准、内心木讷	承担团队任务执行过程中的技术指导工作
执行者	忠诚度高、工作认真、遵守纪律	承担和完成规范性的实际工作
智多星	挑战别人、富有激情、反应强烈	承担团队建设任务完成情况的检查和督察工作
协调者	情绪稳定、信赖感强、待人公平	承担团队的组织、领导、协调等工作
审议者	头脑冷静、精确判断、批判性强	承担团队活动的评审工作
完成者	埋头苦干、尽职尽责、精益求精	承担较为复杂和精细的工作
凝聚者	性格温和、接受建议、合作性强	承担调解成员之间冲突的工作
鞭策者	聪明灵活、有想象力、解决难题	承担团队活动设计、任务策划等工作

(二)创业团队组建的步骤

创业团队的组建是一个复杂的过程,不同类型的创业团队在组建过程中会有不同的侧重点,但是其过程大致是相同的,基本的组建步骤如下。

1. 明确创业目标

制订一个鼓舞人心、有吸引力、清晰的创业目标,促进团队成员能围绕共同目标努力奋斗。

2. 制订创业计划

制订一个周密的、能实现目标的创业计划。创业计划应包含阶段性的任务,通过逐步实现阶段性目标来实现创业总目标。

3. 寻找核心成员

寻找志同道合、性格、知识、能力等方面互补的核心成员,凝聚实现目标的战斗力。

4. 团队职权划分

根据执行创业计划的需要,具体地确定每个团队成员所担负的职责和享有的权限,同时也要加强工作的相互关联和互相补位。

5. 设计团队文化

团队文化包括愿景、使命、价值观、管理理念、行动纲领等,团队成员可以通过集体讨论、章程制定、文化手册等形式设计优秀的创业团队文化。

6. 健全和完善团队体制机制

制定各种规章制度,可以保证团队的秩序稳定。团队体制机制主要包括纪律条例、组织条例、财务条例、保密条例等;制定各种激励惩罚机制,调动员工积极性,主要包括利益分配方案、奖惩制度、考核标准、激励措施等。为了公司的长足发展,也可以拿出小部分股权用于骨干员工持股和对外融资。

创业秘钥

>> 组建创业团队不一定非得按照上述步骤一一进行,很多时候就是一群内心有着创业梦想的人聚在一起,激烈碰撞后产生了创业想法并形成创业计划,然后开启创业。

主题二　管理创业团队

微课启学：

如何带领团队

组建了一支高效的创业团队之后，如何提高团队的执行力和学习力、制定激励措施、选择股权架构，以及如何管理好创业团队，都将是创业者要面临的重要问题。

一、如何管理创业团队

（一）目标管理

目标管理是以目标为导向、以人为中心、以成果为标准，使组织和个人取得最佳业绩的现代管理方法。具有以下特点。

1. 以人为本

人是组成创业团队最主要、能动性最强的资源。创业团队的很多问题难以得到解决就是因为人员管理不妥，导致员工目标与企业目标不一致、意见难以协调。目标管理是一种全员参与的、民主的、自我控制的管理制度，在这一制度下，上级与下级的关系是相互平等、尊重、支持、依赖的，下级在承诺目标和被授权之后是自觉、自主和自治的。

2. 确定目标体系

确定目标体系是将企业的整体目标逐级分解，转换为各部门、各成员的分目标。分目标与总目标方向一致，各分目标相互配合，形成协调统一的目标体系。只有分目标被逐个完成以后，总目标才有希望完成。

3. 重视成果

目标管理以制定目标为起点，以考核目标完成情况为终点。评定目标完成程度的标准是工作成果，这个标准同时也是人事考核和奖惩的依据，是评价管理工作绩效的唯一标志。

（二）人员管理

人员管理是将合适的人员配备到合适的职位上，并让其从事合适的工作，从而实现"人适其位，位得其人"。

1. 人员的配置管理

对于一个创业团队而言，人员配置的前提是人员间的互补度和融合度，这在很

微课启学：

如何进行有效沟通

大程度上决定了团队凝聚力的大小。除此之外,按照工作的目标、任务、工作要求分配团队人员,还应达到人与事相匹配、人与人相融合的目的。

2. 人员的培训

(1) 技能培训。人员的技能培训包含了人员对创业团队各项业务和规范制度的掌握、基本职业技能的操作,以及对公司荣辱观的明确认识。

(2) 精神培育。人员的精神培育主要包括团队精神培育和人员激励。团队精神的培育可以使团队成员充分调动自身的积极性、主动性和创造性,尽心尽力地完成每一个工作任务,使团队成员之间能够相互支持、同舟共济、荣辱与共。人员的激励分为奖惩激励、考评激励、竞赛与评比激励和榜样激励。

(三) 计划管理

计划管理的目的是通过对计划的编撰、执行、调整、考核等过程,来组织、指导、调节、实现企业团队的目标、原则,以实现更好的团队管理目标。

1. 团队计划的组成要素

(1) 明确定义目标。

(2) 认识定义目标的含义。

(3) 找到实现目标的最佳办法。

(4) 明确每个员工的职责。

(5) 建立合理的目标实现计划表。

(6) 制订备用计划。

(7) 使每一个目标标准化,确保目标完成,进度可控。

2. 团队计划的工作流程

(1) 要做哪些工作?

(2) 哪些工作是必要的?

(3) 此项工作由谁负责?

(4) 工作完成的最佳时间?

(5) 工作完成的最佳地点?

(6) 工作完成的最佳方法?

(四) 职权管理

每一个管理职位都具有某种特定的、内在的权力,任职者可以从该职位的等级或头衔中获得这种权力。因此,职权与组织内一定的职位相关,是一种职位的权力,而与担任该职位的管理者个人特性无关。

1. 赋予团队成员独立决策的权力

独立决策权可以激发团队成员参与管理的激情,形成归属感和责任感,并且能够锻炼团队成员的独立性,对自己工作上的问题处理更得心应手,从而促进公司快速发展。

独立的决策权力表现为以下三个方面。

（1）持久性。团队成员做出的决定能够起到一定时间内不随意改变的作用。

（2）可选择性。团队成员可自主通过完善的选举制度选举公认的领导者。

（3）影响性。团队成员在拥有独立的决策能力的同时，必须制定出自己的目标和义务，并使目标和义务对每一个成员都有所影响。

2. 提高团队工作效率

如果团队成员未能得到真正授权或主要职责未明确，则会影响团队的工作效率，通过职权管理可以改变这种情形。首先应培训团队成员，在确保能够提高团队成员的绩效和职权认知的情况下，减轻各成员的工作压力，最后使得团队能够通过职员的职权行使好坏情况制定奖惩制度，以提高团队的工作效率。

3. 消除内部矛盾

通过职权管理，明确每个人的具体职责，防止势力保护和中层管理者的反对，并尽量统一上级与下级的意见，解决上下级矛盾，使团队在一个更加融洽的环境中高效运作。

二、如何提高团队的执行力

执行力对于团队而言就是战斗力，可以激励员工更努力、更有成效地工作，这有助于公司的发展。如果想要提高团队的工作效率，那么就应该掌握提高团队执行力的方法。

（一）职责明确

制定有效清楚的职责分工制度，明确岗位的职责，让每一位成员明确自己所处岗位的范围，认真负责地履行工作职责。

（二）赏罚分明

在明确成员的工作目标和工作标准之后，就可以制订奖惩制度，做到赏罚分明。

（三）以身作则

团队成员执行力的强与弱往往跟领导者有直接的关系，所以要充分发挥团队领导者的带头和模范作用，引导团队成员往正确的方向前进。

（四）适度压力

建立具有适度压力的工作氛围，因为在适度压力的工作氛围中团队成员会形成危机感和压迫感，进而更加积极地工作，将这种压力转换为工作动力，有效提升团队的执行力。

（五）群策群力

让各个成员积极提出合理的建议，参与规章的制定。如此，既能利用成员智慧，又能让他们感受到被重视，同时还能使其在执行自己参与制订的内容时，积极性更高,进而有效地提升执行力。

三、如何提升团队的学习力

如果想提高团队的工作质量,那么就应该掌握如何提高团队的学习力,可以从观察力、阅读力、自控力、创造力、行动力五个方面进行提升。

(一) 提升观察力

观察力是指一个人观察事物的能力。越细致的观察力,越能帮助一个人进行准确的判断。观察力强的人可以捕捉到别人观察不到的细节,可以更准确地给出解决方案。

(二) 提升阅读力

阅读力是指吸收新鲜事物及知识的能力。阅读力可以提升自己的知识储备,在掌握了社会发展趋势之后,做取舍时会更睿智。

(三) 提升自控力

自控力是指对自己的控制力,其中包括时间管理、情绪管理、人际关系管理等涉及自我管理的一些具体技能。比如说善于规划时间的人会更高效,善于管理负面情绪、能够妥善应对焦虑挫折的人会更坚韧。

(四) 提升创造力

创造力是一个人敢于创造新事物的能力。一个人要是能有一定的创造力,并通过一段时间的坚持,得到了一定的正向反馈和认可,这样的人就会成为一个精神领袖,在一部分人群中拥有自己忠实的拥护者。

(五) 提升行动力

行动力是指有目的地做好某一件事。付诸行动,而且是持续的行动才能取得更好的结果。

▶ **案例分享**

王弟:打造高效学习型团队

王弟,襄阳职业技术学院 2014 届毕业生,现任湖北襄梦食品有限公司董事长、总经理。在王弟看来,公司要长足发展,必须建立一支高效型团队,于是他修订并完善了公司的管理制度,对员工的技术和服务水平进行评价和考核,将员工的业绩贡献与薪酬标准挂钩。他深化全员持股、技术和管理参股制度,增强对行业高端人才的吸引力和凝聚力,壮大素质能力相对稳定的核心管理与技术团队,让高端人才成为企业的命运共同体。他建立学习型组织,健全公司薪酬及保障制度,畅通员工晋升通道,做好人才梯队建设,不断增强员工忠诚度和上进心。最后，他进一步加强校企合作，在襄阳职业技术学院成立订单班，企业根据发展需求，培养自己的专属人才。

四、如何设计团队的激励措施

激励是指影响人们内在需求或动机从而加强、引导和维持其行为的活动或过程，其本质为注重工作本身的内容，以此提高工作效率，促进人们的进取心，激发人们做出最好的表现。

1943 年美国心理学家亚伯拉罕·马斯洛在《人类激励理论》中，将人类需求像阶梯一样从低到高按层次分为五种，分别是：生理需求、安全需求、社交需求、尊重需求和自我实现需求。

任何公司与企业都可以从满足员工的这五种需求出发，达到充分激励员工的理想效果（图 3-2-1）。

图 3-2-1　马斯洛需求层次与团队激励

（一）薪酬体系与生理需求

人们通过劳动获得经济报酬，从而解决最初级的生理需求。如果企业员工通过自身劳动所获得的薪酬公平合理、具有竞争性，就会在生理需求方面对工作感到满意。在工资以外能提供住宿、员工餐、班车或住房、餐费、交通、通信等补助补贴，也能够辅助满足人们的生理需求。

员工的薪酬体系主要包括工资、奖金、福利、实物奖励等。因此，建立适合企业发展的薪酬体系，对于激发全体员工的工作积极性至关重要。

（二）工作稳定与安全需求

在企业中，工作的职责要求是否与工作者的特长、能力及个性等相互匹配，对员工个人的安全需求非常重要。岗位分工多样，工作内容差异化，如果工作内容不是员工所长或与其个性相左,就会引起个体对所从事工作的紧张感,反作用于其安全需要。还有企业工作环境是否干净舒适、是否离工作者居住地较近、工作设备是否较先进、与工作相关联的配套设施是否完善,以及是否具备便利的交通、用餐条件等都会对个体的安全需求产生综合性的影响。所以一些大型国有企业在招聘时,会针对不同岗位应聘人员所做的能力、个性等方面的测试,便是保证应聘人员的人格个性等与岗位工作相匹配的表现。

出于对安全的需求,员工们常常都愿意追求一些安全、稳定以及有良好福利待遇的工作。企业则提供一些保障安全的福利,例如,社保、补充医疗保险、意外伤害险等商业保险,以及体检、心理咨询、劳保用品等。

(三) 人性管理与社交需求

社会在不断进步,企业与员工的关系不再是简单的劳动力买卖关系,企业加强人性化管理会使企业的员工空前团结,成为一个极具战斗力的团队。企业文化可以把员工紧紧地团结在一起,形成强大的向心力,使员工团结一致、步调统一。优秀的企业文化会增强员工的归属感,扩大员工的社会交往面,对于稳定人才并激发其工作积极性具有巨大的作用。

人性管理包括两个方面,一是职业技能培训,可以提高工作者的工作技能和管理水平,能够让员工感受到企业在职业方面对自己的关怀,感受到企业对自身的重视,同时能拓宽员工的工作视野和社交范围,满足员工在业务领域的社交需求。二是加强员工关系的建设,可以增强员工对企业的认同感,增强员工的凝聚力。

(四) 精神激励与尊重需求

人是社会性的动物,社会中的人都希望个人的能力和成就得到承认,希望得到尊重、信赖和高度评价。马斯洛认为,需求得到满足,能使人对自己充满信心,对社会满腔热情,体验到自己活着的用处和价值。

精神激励能够让员工获得企业和他人对自己的认同与尊重,鼓励员工充满激情地为企业奉献才智,让员工在尊重需求方面获得满足。领导的表扬与认可、企业授予的荣誉对于员工在受到尊重与认可方面具有积极作用。

(五) 职业发展与自我实现需求

自我实现是马斯洛需求层次理论中的最高层次,是人们在实现自身价值、发挥潜能方面的需求。

企业要不断挖掘和激发员工的潜力,帮助员工不断成长,授权、委派富有挑战性和符合员工特质的工作,发挥员工的能力和专长,不断创造价值并达成自我实现,使员工成为最好的自己。

创业秘钥

>> 可以在有纪念意义的日子给予员工关爱,例如,生日或入职日,分别举行生日会或发放入职周年奖章等;也可以开展一些团建活动,增强感情联系和归属感,例如,聚餐、唱歌、体育比赛、旅游、拓展、年会等。

主题三　优化团队配置

对于一个企业来说，即使每个员工的能力都很强，也并不意味着这个企业总体的人力资源能力就很强。尤其对于创业团队来说，有效的团队配置更影响着企业的长远发展。

一、如何搭建有效的组织架构

在团队的组建和管理过程中，人员构成结构的优化非常重要。当人才进入到团队之后，管理者需要通过合理的组织结构，将优秀的个人有机地组织起来。团队成员之间相互支持、相互依赖，在共同完成任务的过程中形成一致的目标，逐渐找到共同的规范和做事方法，达到团队"1+1＞2"的集体效能。

（一）公司组织架构的类型

1. 直线制

直线制（图 3-3-1）是一种简单的组织结构形式，适用于小型、初创企业。在这种组织结构中，企业内部从上到下实行垂直领导，下属部门只接受一个上级的领导。

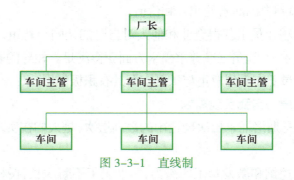

图 3-3-1　直线制

优点：结构比较简单，权力集中，责任分明，命令统一，联系便捷，决策迅速，运营成本低。

缺点：要求主管人员通晓多种知识技能，亲自处理各种业务。

2. 直线职能制

直线职能制（图 3-3-2）以直线指挥系统为主，发挥职能部门的参谋作用。职能部门对下级部门只起到业务指导作用,不能直接指挥;但在直线人员授权下可以行使职能权力。

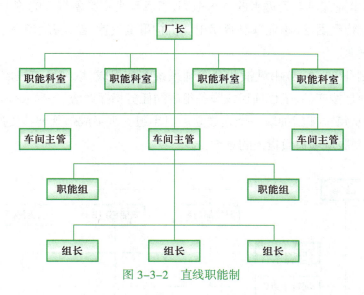

图 3-3-2　直线职能制

优点:保证了整个组织的统一指挥和管理;职责清楚,整个组织具有稳定性。

缺点:下级缺乏必要的自主权,各职能部门间会存在难以协调的现象。

3. 事业部制

事业部制(图 3-3-3)是在公司总部下增设一层独立经营的事业部,这些事业部是具有经营自主权的单位,在公司总领导的带领下,实行独立核算,自负盈亏。它是一种分权制的组织形式。

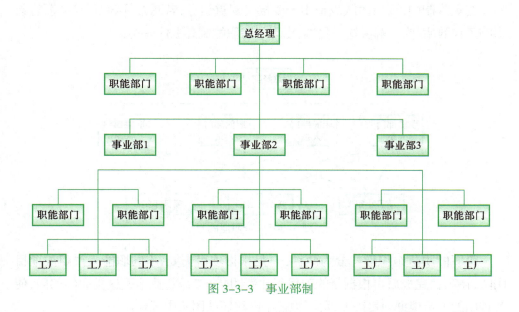

图 3-3-3　事业部制

优点：实行公司统一政策，独立经营，更有利于各事业部的发展；有利于锻炼和培养综合管理人员；有利于管理者集中精力去考虑宏观战略。

缺点：事业部制对管理者的要求很高，若管理者不具备很高的管理素质，容易造成事业部管理困难；事业部制容易出现机构重复设置、管理者增多等问题。

4. 矩阵制

矩阵制（图 3-3-4）由纵横两套管理系统叠加组成，纵向系统按照职能划分，横向系统则是按产品、工程项目或服务组成的任务指挥系统。例如，公司为完成一个项目，会从每个部门抽取一个人成立项目小组。小组成员既要接受原部门主管的领导，也要服从项目负责人的管理。

图 3-3-4　矩阵制

优点：有利于各部门之间的配合；具有灵活性。

缺点：破坏了统一指挥原则；责任划分不清晰。

5. 跨职能制

在矩阵制中，项目团队成员由于要接受双重领导，若两方领导意见冲突，容易影响工作效率，为了解决这一弊端，出现了跨职能制（图 3-3-5）。

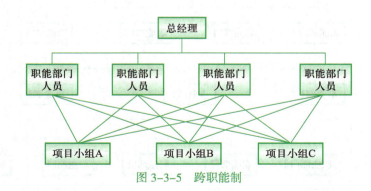

图 3-3-5　跨职能制

跨职能团队组织形式分为两种：一是根据项目需要，不同职能人员组成项目团队，待项目完成后再根据新的项目组建新团队；二是企业不设这类职能部门，使各种职能人员根据项目需要，灵活地在不同跨职能团队中工作。

优点：不需要接受多头领导，具有灵活性。

缺点：对团队成员的素质要求较高。

（二）公司组织架构的设计步骤

（1）厘清企业内部都有哪些工作职责，应该划分成哪些部门，设置哪些岗位。

（2）明确各部门和岗位之间的关系。

（3）确定各部门和岗位的工作职责。

（4）考虑各部门和岗位应该设置的岗位和职数。

二、如何设计合理的股权结构

（一）股权的含义

股权是指股东对所投资的公司享有的人身和财产权益的一种综合性权利，包括从公司获得经济利益，并参与公司经营管理的权利。具体权利与对应职能如表 3-3-1 所示。

表 3-3-1　权利与对应职能

权利	职能
所有权	股东享有相应股权比例的公司所有者的权益，包含了转让、继承、资产处置等
分红权	按照股份额度享有相应股权比例的公司税后利润分红的权益
表决权	股东有按照股份额度享有在公司组织机构中行使的相关表决的权益
公司净资产增值权	股东有按照股份额度享有公司净资产增值部分的权益
选举管理权	股东有选择董事、监事等管理者的权利，当然股东也可能被选为公司的管理者
建议与质询权	股东有权对公司的经营提出建议或者质询
知情权	股东有权查阅财务会计报告、公司章程和股东大会会议记录等
剩余资产分配权	当公司清算时，对剩余资产有参与分配的权利
优先认股权	享有的同等条件下优先购买其他股东拟转让股权的权利，以及发行新股的优先认购权
诉权	当股东的权益受到损害时，有权向法院提起诉讼

（二）股权结构设计

创业团队在正式开始做事情之前就应分配好股权。创业者普遍会犯的错误是没有在创业之初就把股权的分配问题谈清楚并记录下来。股权的分配时间越久，意见就越难统一。随着时间的推移，也许每位参与者都会觉得自己是项目成功必不可少的功臣，关于股权分配的讨论就会变得越来越难以进行，所以应该尽早进行股权分配的讨论并达成共识。

股权结构设计至少应具备三个特点，即存在一位核心大股东、股东之间资源互补、股东之间信任合作。

由于初创期企业并没有其他投资人的介入，公司的股权仅由联合创始人持有。

出多少钱就占多少股的做法已经行不通了,因为它以资本为驱动,忽略了人的价值,经营团队就没有动力继续创造价值;平均分配股权的做法也行不通,因为没有一位核心决策者,当要做出重大、紧急决策时,各创始人往往难以达成共识,无法高效决策,埋下隐患。比较好的方式是企业能够具备拥有绝对控股权的核心股东,可以占到超过 50% 的股权。

股权结构设计要考虑以下因素。

(1)出资金额。如果所有创业者都同意按比例出资,各创始人资源优势基本相当的,则直接考虑按出资比例分配。如只有部分创始人出资,则应取得比没有出资的创业者相对多的股权。

(2)综合评估每个创业者的优势。例如,有些创业项目的启动不需要太多资金,而是依赖某位创业者的专利;有些创业项目需要创意,产品是需要靠技术实现;有些创业项目的产品并不具有绝对的市场优势,需要依靠后期推广。因此,应根据不同创业项目的具体情况,由相应资源提供者占有相对多的股权。

(3)科学评估每位创业者在创业过程中各个阶段的作用。在创业项目的启动、测试、推广等不同发展阶段,每个创业者的作用是不一样的,股权安排应充分考虑不同阶段每个创业者的作用,以充分调动每位创业者的积极性。

(4)股权设计要有明显的股权梯次,绝对不能是均等的比例。如果是三个创业合伙人,最为科学的比例结构是 5∶3∶2。明显的股权梯次,才能形成对贡献度的考量以及合理分配公司话语权。

预留部分股权。在创业初期,不建议创始人将股权全部分配,可以预留一部分股权,或用于股权激励,或用于吸收新的创业合伙人,或用于股权融资。

股权在设计之初,要有退出机制。企业投资者在企业发展相对成熟或无法发展的情况下,将所投入的资本由股权形态转化为资本形态,实现资本增值或避免财产损失。常用的机制有股份上市、股权转让、股份回购等。

当然,以上 4 点只是在分配股权比例时需考虑的因素,具体如何分配还应结合创业者的实际情况来确定。不同股权比例有着不同含义,具体解读如表 3-3-2 所示。

表 3-3-2 不同股权比例意义解读

关键比例	意义
完全控股 (持股 100%)	一人有限责任公司中一个股东持有公司的全部股份,这名股东拥有绝对的权威,即完全控股状态
绝对控股 (持股 66.7%)	根据公司法规定,股东对七项大事①进行表决时,必须得经过 2/3 以上具有表决权的股东通过方可做出决定,由此可见,一个股东想要完全控制一个公司,至少应当持有 66.7% 的股权

① 七项大事即:(1)修改公司章程;(2)增加注册资本;(3)减少注册资本;(4)公司合并;(5)公司分立;(6)公司解散;(7)变更公司形式

续表

关键比例	意义
相对控股 (持股 51%)	持股 51% 的股东可以进行一些简单事项的决策,聘请独立董事、选举董事长、董事,聘请审计机构,聘请会计师事务所、聘请或解聘总经理等
一票否决权 (超过 34%)	如果公司的另一个或者多个股东持有 34% 以上的股权,则会导致其他股东无法控制 66.7% 的股权,也就是说一个股东掌握了 34% 的股权,则可以一票否决前述 7 项事项的表决
持股 10%	持股 10% 以上的股东可以单独或者联合申请公司召开临时股东大会或者申请解散公司,所以创始人对 10% 的持股比例也应当重视

【模块训练】

● **实践任务**

设计你的团队画布

(1) 请每位同学依次分享自己构思的创业机会。

(2) 在所有同学分享完毕后,以下动作请大家二选一。

选项一:选择完成自己的创业构思,说服并招募合伙人。

选项二:选择放弃自己的创业机会,认可他人的创业想法。

(3) 达成一致目标后,在下图完成创业团队的组建,共同完成团队画布的设计。

1. 组建团队

团队名称和含义				
团队 LOGO 和含义	团队成员思维互补情况	团队文化	团队成员性格互补情况	团队行为准则和规范
	团队成员技能互补情况		团队成员资源互补情况	
团队合作与分工 (信息者,技术者,实干者,推进者,协调者,监督者,完美者,凝聚者,策划者等)			团队目标 (想要达成什么目的,1~3 年规划)	

2. 管理团队

你的职位	如何管理团队	你的具体做法
	如何提高执行力	
	如何提高学习力	
	怎样进行团队激励	
	如何进行有效沟通	

● 思考探究

(1) 如果你打算创业,在选择团队成员时要注意什么?

(2) 如果你是团队的领导者,如何更好地管理团队?

(3) 你认为什么是好的股权分配机制?

【模块检测】

扫描下方二维码,测一测你对本模块知识的掌握程度。

模块检测三

【模块评估】

(1) 请根据你的学习情况进行评价。

模块三　学习评估表

考评项目	考评内容	评分标准及要求	分值			得分
主题一:组建创业团队	学习态度(20分)	课前完成线上预习与相应的学习任务;能够积极思考,主动发现和提出问题;能够大胆表达自己的观点,积极参与互动	好(15~20分)	较好(10~14分)	一般(1~9分)	
	知识掌握情况(30分)	创业团队的概念、构成要素	掌握(8~10分)	熟悉(5~7分)	了解(1~4分)	
		创业团队组建的原则、步骤	掌握(16~20分)	熟悉(8~15分)	了解(1~7分)	
	任务完成情况(40分)	按照要求完成实践任务,分析准确、操作流程正确、方案设计合理、内容具有较好的操作性,并落地实践	好(32~40分)	较好(24~31分)	一般(10~23分)	
	学习效果(10分)	熟练掌握学习内容,顺利达成任务目标,完成模块检测	好(8~10分)	较好(6~7分)	一般(1~5分)	
		主题一　得分				

71

续表

考评项目	考评内容	评分标准及要求	分值			得分
主题二：管理创业团队	知识掌握情况（30分）	如何管理创业团队	掌握（8~10分）	熟悉（5~7分）	了解（1~4分）	
		如何提高团队的执行力	掌握（7~8分）	熟悉（4~6分）	了解（1~3分）	
		如何提升团队的学习力	掌握（5~6分）	熟悉（3~4分）	了解（1~2分）	
		如何设计激励措施	掌握（5~6分）	熟悉（3~4分）	了解（1~2分）	
	学习效果（10分）	熟练掌握学习内容，顺利达成任务目标，完成模块检测	好（8~10分）	较好（6~7分）	一般（1~5分）	
主题二 得分						
主题三：优化团队配置	学习态度（20分）	课前完成线上预习与相应的学习任务；能够积极思考，主动发现和提出问题；能够大胆表达自己的观点，积极参与互动	好（15~20分）	较好（10~14分）	一般（1~9分）	
	知识掌握情况（30分）	如何搭建组织架构	掌握（11~15分）	熟悉（6~10分）	了解（1~5分）	
		股权的含义及结构设计	掌握（11~15分）	熟悉（6~10分）	了解（1~5分）	
	学习效果（10分）	熟练掌握学习内容，顺利达成任务目标，完成模块检测	好（8~10分）	较好（6~7分）	一般（1~5分）	
主题三 得分						
实践任务	任务完成情况（40分）	按照要求完成实践任务，分析准确、操作流程正确、方案设计合理、内容具有较好的操作性，并落地实践	好（32—40分）	较好（24—31分）	一般（10—23分）	
实践任务 得分						
总分 = 得分（主题一）×30%+ 得分（主题二）×30%+ 得分（主题三）×40%+ 得分（实践任务）			模块三 总分			

评估人：_____ 时间：_____

（2）学习完本模块，你还有哪些收获？

_____

_____

_____

_____

创产品　树品牌

【模块导读】

▶ 知识地图

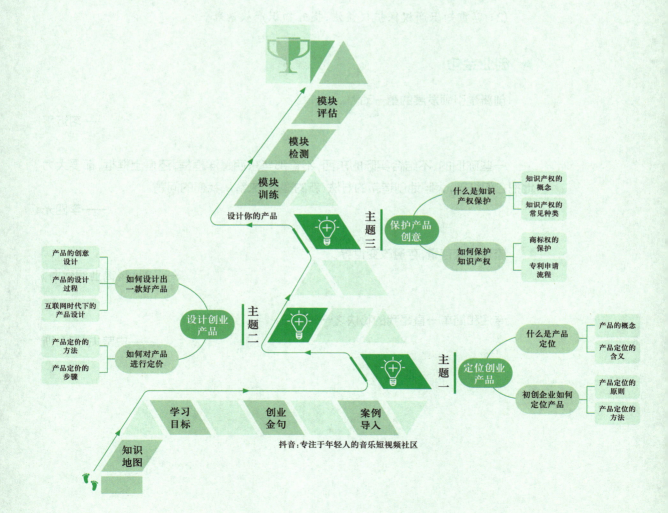

模块评估

模块检测

模块训练

设计你的产品

什么是知识产权保护 — 知识产权的概念 / 知识产权的常见种类

保护产品创意 — 主题三

如何保护知识产权 — 商标权的保护 / 专利申请流程

产品的创意设计

产品的设计过程

互联网时代下的产品设计

如何设计出一款好产品

设计创业产品 — 主题二

产品定价的方法

产品定价的步骤

如何对产品进行定价

什么是产品定位 — 产品的概念 / 产品定位的含义

定位创业产品 — 主题一

初创企业如何定位产品 — 产品定位的原则 / 产品定位的方法

学习目标

创业金句

案例导入

知识地图

抖音:专注于年轻人的音乐短视频社区

▶ 学习目标

● 知识目标

(1) 了解产品从浅到深的五个层次概念及产品定位的方法和原则。

(2) 掌握产品定位和设计的方法。

(3) 知晓产品知识产权保护的必要性及方法。

● 能力目标

(1) 能够根据消费者需求心理及规律研发、设计符合消费者真正需求的产品或服务。

(2) 具备独立分析消费者对产品或服务价格的敏感度并明确定价范围的能力。

(3) 具备合理保护知识产权的手段的能力。

● 素养目标

(1) 提高挖掘事物本质的思维能力素养,善于思考,勤于分析。

(2) 尊重知识产权保护权益法,提升知识产权素养。

▶ 创业金句

创新是引领发展的第一动力。

——习近平

一些陈旧的、不结合实际的东西,不管那些东西是洋框框,还是土框框,都要大力地把它们打破,大胆地创造新的方法、新的理论,来解决我们的问题。

——李四光

流量改变存量,存量改变世界。

——刘润《商业洞察力》

专注和简单一直是我的秘诀之一。

——史蒂夫·乔布斯

▶ 案例导入

抖音：专注于年轻人的音乐短视频社区

选准定位，独辟蹊径

互联网时代下信息技术的高速发展，使人们的距离不断缩短。随着德国音乐短视频平台 Dubsmash、美国 Musical.ly 的出现，中国也出现了小咖秀等短视频平台。此时，张一鸣看到了短视频行业的巨大潜力，于是将他正在研究的算法推荐融入短视频平台中，组建了抖音短视频团队，2016 年 9 月，专注于年轻人的音乐短视频社区——抖音短视频平台正式上线。

找准时机，应运而上

在抖音上线后，张一鸣认识到短视频平台快节奏的特点，虽然火得快，但是消亡得也很快。所以要想长期发展，就需要不断创造优质的内容。于是抖音不断更迭创新，寻找着合适的时机，以更好的形象出现在用户面前。

2017 年 3 月，张一鸣抓住"明星话题"这一时机，顺着德云社岳云鹏在抖音上的模仿挑战，牢牢抓住"明星效应"的热度，让抖音迎来了一个下载高峰；接着乘势而上，于同年 10 月，抖音赞助《中国有嘻哈》，与明星开展合作，开始深入挖掘年轻人的生活习惯，将抖音变成了有趣、潮流的年轻人战场。通过推荐算法，提高视频的精准投放，加快单个用户感兴趣内容的出现频率，将用户转化为抖音的忠实粉丝。

在征服年轻人后，抖音又与央企、官方媒体合作，在娱乐中添加正式、严肃的内容。自抖音成为《2019 年中央广播电视总台春节联欢晚会》的独家社交媒体传播平台后，越来越多的官方媒体入驻，抖音也逐渐成为获取新闻的重要平台。

直到今天，抖音从专注于年轻人的社区扩展到了适用于全年龄段的社交软件，发展态势一路向阳，不仅个人用户下载量大大提升，也吸引了官媒及企业用户的常驻。

● 案例解析

抖音在短视频行业中能够脱颖而出，是因为它一开始就精准定位于年轻人，通过推荐算法精准地向每个年轻人推荐个人感兴趣的视频，并让每个人都有机会成为生活的分享者。而后抖音的内容加入与人们生活利益相关的硬新闻来锁住人们的消费心理，让人们能够在短时间内既获得硬性知识的补足，又实现了猎奇心理的满足。

主题一　定位创业产品

产品定位是产品设计的方向,可以使团队成员形成统一的目标和对产品的认识。在明确用户的具体需求之前,创业者一定要首先考虑产品定位。

一、什么是产品定位

(一) 产品的概念

人们通常认为产品是指具有某种特定物质形状和用途的物品,是看得见、摸得着的东西,但这只是一种狭义的定义。市场营销学认为,产品是指人们通过购买而获得的能够满足某种需求和欲望的物品的总和,包括有形的物品、无形的服务、组织、观念或它们的组合。

产品整体概念包含核心产品、形式产品、期望产品、附加产品和潜在产品五个层次(图 4-1-1)。

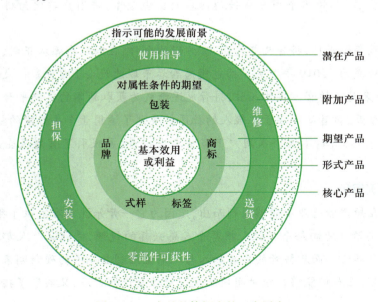

图 4-1-1　产品整体概念的五个层次

1. 核心产品层

核心产品层是指产品的核心功能和核心利益,即消费者真正购买或使用该产品的原因。

产品的核心层次要能帮助使用者解决最基本的问题,向消费者提供产品的基本效用和利益,如旅馆的主要功能就是满足旅客的休息与睡眠需求。

2. 形式产品层

产品核心利益需要依附一定的实体来实现,产品实体被称为形式产品,即产品所展现在消费者面前的基本形式,这是一种看得见、摸得着的产品层次。

对于实体产品,它主要由产品的品质水平、产品特性、品牌名称、呈现形式和包装风格五大要素构成,如椰树牌椰汁便给予了消费者强烈的视觉冲击。对于服务类产品,则由服务的人员、程序、地点、时间和品牌五大因素构成。这是最直观,也是最能吸引使用者的一个层次,如酒店预订、储蓄业务、各种咨询服务等。

3. 期望产品层

期望产品层是指购买者在购买产品时通常期望或默认的一组属性和条件,如旅馆提供干净的床、柔软的毛巾、宽敞的空间和相对安静的环境等就属于期望产品。

4. 附加产品层

附加产品层是产品包含的全部附加服务和利益,是指厂商能提供给消费者在实体商品之外的其他服务与利益,主要包括运送、安装、调试、维修、产品保证、零配件供应和技术人员培训等,如旅馆提供吹风机、免费的 Wi-Fi、新鲜的水果、快捷结账、美味的晚餐和优质的服务等。

5. 潜在产品层

潜在产品层是指该产品在将来可能会实现的全部附加部分和转换部分(产品将来的发展方向),包括产品在未来可能进行的所有改进和变革。它是在核心产品、形式产品、期望产品和附加产品之外,能满足消费者潜在需求、尚未被消费者意识到,或者已经被意识到但尚未被消费者重视或消费者不敢奢望的一些产品。

▶ 工具应用

创业秘钥
>> 期望产品层得不到满足时,会影响消费者对产品的满意程度、购后评价和重复购买率。

创业秘钥
>> 企业在生产和销售产品时,不但要重视产品的核心功能,而且要注意产品的形式,为顾客提供更多附加利益,同时也要注意消费者是否愿意承担因附加产品的增加而上升的成本等问题。

产品生命周期

产品生命周期也称"商品生命周期",是指产品从准备进入市场到被淘汰退出市场为止的全部运动过程,由需求与技术的生产周期所决定;是产品或商品在市场运动中的经济寿命,也即在市场流通过程中,由于消费者的需求变化以及影响市场的其他因素所造成的商品由盛转衰的周期。产品生命周期主要由消费者的消费方式、消费水平、消费结构和消费心理的变化决定。一般分为引入(进入)期、成长期、成熟期(饱和期)和衰退(衰落)期四个阶段,如图 4-1-2 所示。

工具

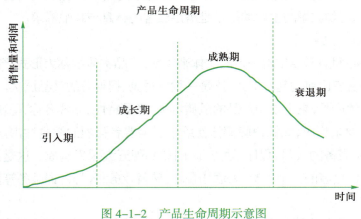

图4-1-2　产品生命周期示意图

(二) 产品定位的含义

产品定位是指企业应推出什么样的产品来满足目标消费者或目标消费市场的需求。针对消费者或用户对某种产品(服务)的某种属性的重视程度,塑造产品(服务)鲜明的个性或特色,树立产品(服务)在市场上的形象,从而使目标市场上的顾客了解和认识企业的产品(服务)。

创业秘钥

>> 产品定位更倾向于描述具体的产品在功能特色、用户价值等方面的特性。定位最终的结果就是在消费者心目中占据无法取代的地位,让品牌形象深植于消费者脑海,一旦有相关需求,消费者就会开启记忆之门、联想之门,自然而然想到它。

> ▶ **案例分享**
>
> #### BAT 的产品定位
>
> BAT 是中国互联网公司百度(Baidu)、阿里巴巴(Alibaba)、腾讯(Tencent)三大互联网公司首字母的缩写。BAT 的产品都有属于它们自身特有的定位。百度的产品定位或特色在于搜索与技术;阿里巴巴的产品定位有着明显的电子商务属性;腾讯的产品定位则带有强烈的社交倾向。对一个产品进行定位就是去寻找产品自身的独特利益点所在,以及与其他同类产品明显的差异,通过这个差异让消费者或用户能够对产品产生固定的联想。

有形的产品可以从产品实体上表现出来,如形态、成分、结构、性能、商标和产地等;无形的服务可以从消费者心理上反映出来,如贴心、舒适、高雅和热情等。

从设计角度看,产品定位就是回答"产品是什么?""产品能给用户什么价值?"等问题;从营销角度看,产品定位是确定产品在消费者心中的位置。

二、初创企业如何定位产品

(一)产品定位的原则

产品定位必须遵循两项基本原则,即适应性原则和竞争性原则。

1. 适应性原则

(1)产品定位要适应消费者的需求,投其所好,给其所需,以树立产品形象,促进购买行为的发生。

(2)产品定位要适应企业自身的人、财、物等资源配置条件,以保质保量、及时顺利地到达市场位置。

2. 竞争性原则

竞争性原则在于体现产品间的差异性。产品定位必须结合市场上同行业竞争对手的情况(诸如竞争对手的数量、各自的实力及其产品的不同市场位置等)来确定,要综合考虑自身核心优势及竞争对手的优势。"人无我有,人有我优,人优我廉,人廉我转"正是这种竞争性原则运用的具体体现。

可见,产品定位基本上取决于四个方面:产品、企业、消费者和竞争者,即产品的特性、企业的创新意识、消费者的需求偏爱与竞争对手产品的市场位置。倘若四者协调得当,就能正确地确定产品地位。

▶ **案例分享**

小牛电动:智能电动车的美学设计

小牛电动是智能城市出行解决方案的提供商,致力于为全球用户提供更便捷、更环保的智能城市出行工具。针对新兴消费圈层对自我个性表达的诉求,小牛电动车坚持进取、愉悦、独立自主的品牌形象,传播科技、潮流、自由的品牌理念,坚持锂电化、智能化、品牌化。小牛的产品价值感更高的地方在于它不是纯通勤的工具,还有精美的外观设计和配套的智能化功能。比如用蓝牙无钥匙启动,省去了用户手动解锁的麻烦。通过智能化提升用户体验,而不是为了智能而智能。

(二)产品定位的方法

产品定位实际上就是识别竞争优势、确定产品特色。具体方法如下。

1. 确定目标市场

确定目标市场是一个市场细分与目标市场选择的过程,即明白为谁服务。在市场分化的今天,任何一家公司和任何一种产品(服务)的目标顾客都不可能是所有的人。所以,创业者需要对整体市场进行细分,对细分后的市场进行评估,最终确定所选择的目标市场。

> ▶ **案例分享**
>
> ### 农夫山泉：适合婴幼儿饮用的天然水
>
> 2000年，农夫山泉召开发布会，宣布不再生产纯净水，选择了一个市场占比很小的品类：天然水。2015年9月，农夫山泉婴儿水上市，将市场清晰地定位为0~3岁的婴儿，聚焦母婴市场。如今，农夫山泉在婴儿水细分市场已经初具规模。

2. 聚焦目标客户

正确地找出产品的使用者或购买者，会使定位在目标市场上显得更突出。在此目标族群中，为地点、产品、服务等塑造出一种特别的形象，更能吸引目标客户。

> ▶ **案例分享**
>
> ### 妙可蓝多——最受欢迎的儿童奶酪棒
>
> 2001年，柴琇在长春创办了广泽乳业，一则"广泽牛奶，新鲜到家"的广告，成功将品牌引入百姓视野。2015年，她举全公司之力开始战略转型，全资收购妙可蓝多（天津）食品公司和达能上海工厂，在伊利、蒙牛两大乳业巨头争夺常温液态奶、常温酸奶之际，开始转型切入奶酪这个细分赛道，研发生产适合中国人口味的特色奶酪，立志"让奶酪进入每一个家庭"。儿童零食成了柴琇的突破口，她利用奶酪作为"牛奶精华"高蛋白、高钙的特点，解决儿童糖果的不健康问题。2018年，妙可蓝多在天猫上推出香甜的儿童奶酪棒，一经推出便成了明星产品。

3. 突显产品个性

个性突显的人更容易为人所关注和记忆，和人类似，一个产品同样需要具有个性。例如，OPPO手机"充电五分钟，通话两小时"的口号。有了这些个性后，产品就像有了生命力，也有了一个宣传推广的支点。但个性要能够真正引起目标人群的注意和为人所接受，也就是说产品要对目标人群具有真正的价值和满足他们的某个需求。这种特性最好能够形象地表现出来，如一个牙膏品牌为了突出它的三重功效，把牙膏做成了三种颜色，绿色代表植物草本，消炎止痛；白色代表深度清洁，洁白牙齿；蓝色代表冰爽劲酷，清新口气。如此，可以让人从视觉上就感受到产品的个性。

▶ **案例分享**

Keep——自律减肥和健身的起点

　　Keep 创始人王宁根本不知道如何开始减肥,只能在互联网上疯狂收集信息,花了足足六七个月才将东拼西凑的健身资料梳理完成。在这个漫长而痛苦的过程中,并没有一款产品能够帮助王宁解决自己的困惑,因此最终减肥成功的他,决定用自己的经验和能力去帮助其他为减肥而苦恼的人们。正是鉴于自己的切身之痛,王宁将 Keep 定位在"轻巧、傻瓜式和随时随地"三大支点。

4. 形成差异化

　　为了避免与市场中已经存在并具有一定影响力的产品形成直接的竞争,需要开辟蓝海。产品的定位与他们应有所区别,选取市场中的空白点和薄弱环节,挖掘尚未被满足的需求,这样才能在产品的宣传推广中起到事半功倍的效果。

微课启学:

产品定位的误区

▶ **案例分享**

网易云音乐——用创新与用心打动用户

　　网易云音乐的成功,就是因为有清晰、差异化的定位——做"社区化/UGC(如用户贡献的歌单/评论等)、算法推荐、能发现更多好歌"的音乐产品,而不是传统的"大而全、冷冰冰、被动搜索、纯工具型"的歌曲库。

主题二　设计创业产品

初创公司的创业可分为两大类,原创创新和跟进创新。产品是创新的重要载体之一,目前国内市场上较为常见的产品设计来源主要有两种,一是将国外先进的模式或技术移植到国内,二是国内相互模仿进行微创新差异化竞争。

一、如何设计出一款好产品

(一) 产品的创意设计

微课启学:

如何创造好产品

对于产品设计而言,需要迎合大众需求,打造专属人群,采用独特的配方和制作工艺,利用互联网时代的特征,打造具有独特性的产品,让大众认可。

1. 采用特殊的原材料

如果创业者能够找到具有专属性和独特性的原材料,便能够拥有自己的核心竞争力,从而成功吸引客户。

例如,不锈钢餐具采用的是食品级 304 不锈钢,安全放心;水星家纺、恒源祥、雅鹿等家纺品牌产品选用新疆棉,贴肤舒适。

2. 采用独特的制作工艺

如果你的产品制作工艺和流程有独到之处,可以作为个性化的一个依据。

例如,可口可乐的配方至今还作为商业秘密被保护;广式肠粉有特殊的配比。可见独特的制作工艺或制作流程对于产品而言多么重要。

3. 采用特别的使用方式

针对自己与别人相同或类似的产品,赋予其特定的使用方式或使用场合,也能够使自己的产品脱颖而出。

例如,脑白金就被赋予了特定的使用场合和方式——过节送礼。相同的产品还有旺旺大礼包,"福旺财旺运道旺"的口号让过节的气氛浓烈起来,也赋予了产品特定的使用场合。

4. 利用独特的利益提供

当产品被打造得别具一格时,产品便不再是产品本身。这使得产品不仅具有它原来的功能,还能超出客户预期,带给客户独特的利益价值。

5. 赋予产品非凡的意义

利用特定人群的情感或者情怀,赋予产品特定的意义,便能成功打开市场。

例如,DR 钻戒——男士一生只能定制一枚,迎合了年轻人对美好爱情的追求。

6. 打造产品的专属人群

将产品宣传成是为特定人群打造的,能够成功地赋予该人群自我标签,同时也让拥有自我标签的人群进行目标选择,让他们产生归属感。

例如,各大品牌汽车,从外观到内饰都有专为女性打造的车型。

(二) 产品的设计过程

1. 产品设计思维

在做产品设计时,通常用到的思维方式有用户思维和产品思维。用户思维是从用户的角度看待产品,产品思维是从生产者的角度看待产品。

(1) 用户思维。用户思维的本质是在充分理解用户的基础上,在情感、价值和利益等多个方面都做到以用户为中心,最大限度地为用户提供便捷。

产品打造讲究"同理心",也就是需要学会换位思考,将自己切换到用户角度,去领会用户的情感、心理和物质上的深层需求。例如,抖音和腾讯视频,在用户非Wi-Fi 情况下,会提醒用户当前的网络环境,提示用户注意流量使用。

(2) 产品思维。把用户的需求通过技术转化为具体的产品功能,在为用户创造价值的同时实现产品的商业价值。产品思维对产品的商业价值和生产过程更加关注。

产品思维是一种"重视用户体验""系统化、机制化、体系化解决问题"的通用思维,这种思维适合很多领域和场景。

2. 产品设计过程

(1) 产品规划。规划是产品设计的起始阶段,主要是指基于对市场环境和用户需求的洞察和分析,从战略的高度、宏观的层面提出产品设计的想法并逐步酝酿形成对产品的清晰定义,再对产品目标进行拆解,将产品目标转化为产品的具体功能列表。

(2) 细节设计。在产品大方向、目标及功能列表确定后,紧接着就要进行产品的具体细节设计了,由概念走向实体,形成产品原型。

(3) 开发测试。原型设计完毕后,由开发团队将产品由一个仿真的实体变成一个真正的实体,并推向市场开展产品测试,确保产品能够按照原有的设计运行。

(4) 上线发布。当产品的测试工作完成并验证产品没有问题后,即可正式对外发布,然后再不断收集用户使用的问题反馈,实时跟进并分析,寻找最优的解决方案。

创业秘钥

>>>> 设计产品时要考虑产品的场景,要能触发用户的情绪。只有能触发用户情绪的场景,才是流量入口。互联网商业核心竞争的就是三件事:产品的比拼、流量的争夺、转化率的优化。

创业秘钥

>> 简单来说,用户视角就是"他想要",而不是"你想给"。例如,一副近视眼镜对一个近视者来说是有价值的,但是对盲人来说起不到任何作用,没有任何价值可言。

微课启学:

产品功能设计

（5）更新迭代。好产品是改出来的，没有人能一开始就推出一个完美无缺的产品。基于数据的分析和洞察，产品发明者要及时对产品设计及运营策略进行调整，不断优化迭代。

▶ **案例分享**

微信的更新迭代

微信从最早的通信工具到社交平台，再发展到现在的移动生活场景，甚至成为了移动商业帝国。微信的 1.0 版本，就是一个在熟人之间可以免费发文本信息和图片的工具；2.0 版本，增加了语音功能和"查找附近陌生人"的功能；3.0 版本，推出了"扫一扫""服务号"，从此，微信开始连接世界；4.0 版本，推出了"朋友圈"，微信从通信工具开始进化，变成了社交平台。5.0 版本，加上了"绑定银行卡"，对微信来说是一个巨大跃升，构建了今天的移动生活场景，甚至是移动商业帝国。

（三）互联网时代下的产品设计

随着科学技术的进步，人们已经进入一个崭新的时代——互联网时代。科技与生活紧密结合，引领潮流，使世界呈现出了日新月异的变化。在互联网逐步全覆盖的趋势下，创业者将产品互联网化，可以更便捷、迅速地收集用户数据，拓宽产品的发展渠道，将消费者和经营者紧密联系在一起，建立一个更广阔的交易平台。

产品的互联网化是在形式上利用网络平台进行产品的推广和交易，使得企业与消费者的关系更为密切，使消费者产生归属感。

产品的互联网化包含三个方面的含义，一是创业者的产品符合互联网时代消费者的品位、心理、习惯和标准；二是创业者的产品适合在互联网平台上进行交易，包括产品的包装设计和相关服务；三是产品的周期短，能够迅速迭代。可以通过以下三种方法，实现产品的互联网化。

1. 实现交互

交互是产品面向客户的互联网化。想让消费者产生归属感，非常重要的一点就是交互——与消费者的交叉互动。创业者可以与目标客户建立有针对性的特定沟通渠道或消费机制，例如建立产品论坛、利用朋友圈等客户端与消费者进行良好互动。与此同时，企业的设计人员、营销人员和售后服务人员通过观察消费者的行为获得对产品的建议、产品优化设计的需求等，对相关产品和服务予以改进。

在过去静态的生产过程中，企业通常是闭门造车，按照企业自身的想法进行产品设计和组织工作。而现在，互联网化的交互是产品设计、产品迭代的重要环节。

在交互的基础上,创业者结合专业的数据分析、数据梳理、数据应用等来打造出互联网化的产品,此时这些产品便能够受到消费者的欢迎。

2. 利用互联网平台

利用互联网平台是指产品广告、销售的互联网化,但这一过程并不是简单地将产品放入第三方平台之上。在利用互联网平台打开市场方面,海尔利用的是众筹网站,相对于传统的产品发布会、产品秀等营销方式,海尔有了很大的创新。再比如京东利用产品众筹的方式将产品互联网化,它的产品众筹不仅仅是简单的产品预售,而是将每次的产品众筹都作为一个新闻来发布从而进行产品引爆。类似海尔和京东这样的产品引爆都是互联网带给企业的新机遇。

3. 互联网化的战略合作

目前,很多企业开启了一种新的产品互联网化模式——联合开发交互社区,在管理社区、社区交互的基础之上进行众筹和战略合作。众多企业一起协作产生的互联网化产品,可以先通过大企业的产品众筹通道将产品引爆,获得股权众筹资金后,量化生产产品,并在社区快速销售,资金回笼后,产品迭代形成新的循环。创业者可以考虑互联网化的战略合作,将产品快速互联网化并予以引爆式推广。

> **创业秘钥**
>
> >> 互联网产品设计重在信息的交互和反馈。

二、如何对产品进行定价

产品的价格直接影响企业的利润,是市场竞争的重要手段。

(一) 产品定价的方法

常见的定价方法有三类: 成本导向定价法、需求导向定价法和竞争导向定价法。下文主要讲解成本导向定价法。

1. 成本导向定价法

以营销产品的成本为主要依据制定价格的方法被统称为成本导向定价法,这是最简单且应用相当广泛的一种定价方法。成本导向定价法包括总成本定价法、边际成本定价法和盈亏平衡定价法。

(1) 总成本定价法。该法又分为成本加成定价法和目标利润定价法。

第一,成本加成定价法,即按产品单位成本加上一定比例的毛利定出销售价。其计算公式为

$$P = c \times (1+r)$$

其中,P 是商品的单价,c 是商品的单位总成本,r 是商品的加成率。

第二,目标利润定价法,是根据企业总成本和预期销售量,确定一个目标利润率,并以此作为定价的标准。其计算公式为

$$单位商品价格 = 总成本 \times (1+ 目标利润率)/预计销量$$

(2) 边际成本定价法。边际成本定价法是企业以单位产品的边际成本为基础的定价方法。在完全竞争市场中,边际成本定价法是为了达到市场均衡的定价方

法,此时企业的边际收益等于边际成本,短期利润为零。

(3) 盈亏平衡定价法。盈亏平衡定价法,也叫保本定价法或收支平衡定价法,是指在销量既定的条件下,企业产品的价格必须达到一定水平才能做到盈亏平衡、收支相抵。既定的销量就称为盈亏平衡点,这种定价方法就称为盈亏平衡定价法。科学地猜测销量和已知固定成本、变动成本是盈亏平衡定价的前提。

2. 需求导向定价法

需求导向定价法是指根据市场需求状况和消费者对产品的感觉差异来确定价格的定价方法。需求导向定价法分为理解价值定价法、需求差异定价法和反向定价法。

3. 竞争导向定价法

竞争导向定价法是指企业通过研究竞争对手的生产条件、服务状况、价格水平等因素,依据自身的竞争实力,参考成本和供求状况来确定商品价格,以市场上竞争者的类似产品的价格作为该企业产品定价的参照系的一种定价方法。竞争导向定价主要包括随行就市定价法、产品差别定价法和密封投标定价法。

(二) 产品定价的步骤

产品价格的制定需要综合考虑多方面因素,可分为以下五个步骤。

1. 选择定价目标

一般来讲,创业者对产品进行定价,其首要目标是要在满足市场需要的基础上实现盈利或者获得价值,所以企业在定价时,大致会从扩展目标、利润目标、销售目标、竞争目标和社会目标五个方面进行考虑(表 4-2-1)。

表 4-2-1　企业定价目标

定价目标	考虑因素
扩展目标	维持企业生存、扩大企业规模、多品种经营
利润目标	最大利润、满意利润、预期利润、销售量增加
销售目标	扩大市场占有率、争取中间商
竞争目标	稳定价格、应对竞争、质量优先
社会目标	社会公共事业、社会市场营销概念

2. 测定需求弹性

一般来讲,市场需求会随着产品价格的变化而变化。价格上升,需求减少;价格下降,需求增加,两者呈负相关,但有时候两者关系也会成正相关。例如,一个奢侈品价格的提高不会引起其需求量的减少,但是这也需要在价格不能提得太高的前提下。所以在对产品进行定价后需要投放于市场,通过需求的变化来测定产品定价的最高值。

市场需求对价格变动的反应,我们把它定义为需求的价格弹性,价格变动对需

求影响小时,这种情况被称为需求无弹性;价格变动对需求影响大时,则被称为需求有弹性。需求的价格弹性的计算公式为:

$$需求的价格弹性 = \frac{需求量变动百分比}{价格变动百分比} = \frac{\Delta Q/Q}{\Delta P/P}$$

其中,Q 是消费量,ΔQ 是需求者需求变动,ΔP 是价格变动,P 是价格。

3. 估算成本

产品的需求为创业者制定产品价格确定了一个最高上限,而成本则给价格规定了产品定价的最低下限。产品的成本包括固定成本和可变成本两部分。

创业者需要从一定时期下生产产品所需的固定成本和可变成本的总和来考虑产品定价的下限值。

4. 选择定价方法

产品在确定了最高和最低的价格区间后,还需要在这个价格区间内,考虑同类型产品和替代产品的价格等因素。因此,在选择定价方法时,需要参考成本加成定价法、竞争目标定价法和价值定价法等。

5. 确定最终价格

经过前四个步骤,创业者可以确定一个基本的产品价格,但是在产品销售期间,价格还会受到企业品牌、销售人员对价格的态度、竞争对手的反应以及政府的调控等因素的影响,所以创业者需要适时调整价格以符合市场需求。

主题三　保护产品创意

创意本身就是一种无形的资产。好的产品创意和持续不断的创新可以为企业提供源源不断的发展动力。所以,对于创业企业而言,要学会保护好自己的产品创意。通常我们可以通过知识产权来保护产品创意。

一、什么是知识产权保护

党的二十大报告指出,要加强知识产权法治保障,加快实现高水平科技自立自强。习近平总书记多次强调,创新是引领发展的第一动力,保护知识产权就是保护创新。

知识产权是一种无形财产权,知识产权的对象是人的智力创造,它指的是在科学、技术、文化、艺术等领域从事一切智力活动创造的精神财富依法所享有的权利。

(一) 知识产权的概念

知识产权是指人类智力劳动产生的劳动成果所有权。它是依照各国法律赋予符合条件的著作者、发明者或成果拥有者在一定期限内享有的独占权利。

《中华人民共和国民法典》第一百二十三条规定:"民事主体依法享有知识产权。知识产权是权利人依法就下列客体享有的专有的权利:(一) 作品;(二) 发明、实用新型、外观设计;(三) 商标;(四) 地理标志;(五) 商业秘密;(六) 集成电路布图设计;(七) 植物新品种;(八) 法律规定的其他客体。"

(二) 知识产权的常见种类

最主要的三种知识产权是著作权、专利权和商标权。商标权和专利权在我国由国家知识产权局管理,著作权由国家版权局管理。

1. 商标权

商标权是指商标所有人在法律规定的有效期内,对其经商标主管机关核准注册的商标享有的独占的、排他的使用和处分的权利。

商标权的原始主体是指商标注册人,继受主体是指依法通过注册商标的转让或者移转取得商标权的自然人、法人或者其他组织。根据我国《商标法》规定,商标权主体包括依法成立的企业、事业单位、社会团体、个体工商户、个人合伙及外国人或外国企业,它们是商标权利的享有者,商标有效期为 10 年。

2. 专利权

专利是专利权的简称,它是国家(在我国由国家知识产权局具体负责)按专利法的规定授予申请人在一定时间内对其公开的发明创造成果所享有的独占、使用和处分的权利。

专利权的主体即专利权人,是指享有专利法规定的权利并同时承担对应义务的人。在我国,自然人和单位都可以申请或受让专利,成为专利权的主体。应当注意到,专利权的主体不等于专利的发明人或申请人。专利权有不同类型,具体如表 4-3-1 所示。

表 4-3-1　专利的不同类型

类型	含义
发明专利	发明专利是指对产品、方法或者其改进所提出的新的技术方案,包括产品发明和方法发明两大类。产品发明是指通过人们的智力活动创造出在工业上能够制造的新产品,如各种机器、设备、装置、用具、药品等;方法发明是指发明出对原料进行加工、制成各种产品的方法
实用新型专利	实用新型专利是指对产品的形状、构造或者其结合所提出的适于实用的新的技术方案。实用新型又称小发明,它的保护范围较窄,只保护有一定形状或结构的新产品,不保护方法以及没有固定形状的物质。实用新型的技术方案更注重实用性,其技术水平较发明低
外观设计专利	外观设计专利是指对产品的整体或者局部的形状、图案或者其结合以及色彩与形状、图案的结合所做出的富有美感并适于工业应用的新设计

3. 著作权

著作权又称版权,是指作者依法对其创作的文学、艺术和科学作品享有的专有权。保护的客体有:文字作品;口述作品;音乐、戏剧、曲艺、舞蹈、杂技艺术作品;美术、建筑作品;摄影作品;影视作品;工程设计图、产品设计图、地图、示意图;计算机软件;民间文学艺术作品;其他新增作品。

著作权的主体一是作者,二是其他依照《中华人民共和国著作权法》享有著作权的公民、法人或其他组织。

二、如何保护知识产权

(一)商标权的保护

商标注册申请人办理商标注册申请有两种途径:一是自行办理,即由申请人直接办理商标注册申请;二是委托依法设立的商标代理机构办理。

两种途径的主要区别在于发生联系的方式、提交书件和文件的方式不同。在发生联系的方式方面,申请人自行办理的,在办理过程中申请人与商标局直接发生

创业秘钥

>> 在正式申请注册前,商标查询工作是重中之重,如果没有经过精准查询,商标很有可能面临被驳回的风险,精确查询不仅可以降低注册的风险,也能够节省注册时间,少花冤枉钱。

联系;委托商标代理机构办理的,在办理过程中申请人通过商标代理机构与商标局发生联系。在书件提交方式方面,申请人直接到商标局自行办理的,申请人除应提交的其他书件外,还应提交经办人本人的身份证复印件;委托商标代理机构办理的,申请人除应提交的其他书件外,应提交委托商标代理机构办理商标注册事宜的授权委托书。在文件递交方式方面,申请人自行办理的,由申请人或经办人直接将申请文件递交到商标注册大厅受理窗口;代理机构可以将申请文件直接递交、邮寄递交或通过快递递交商标局,也可以通过网上申请系统提交商标注册申请。

商标获得注册后,在商标有效期内,在核定使用的商品类别上,商标注册人享有注册商标专用权。如果发现他人未经许可,在同一种商品上使用了注册商标或者在同一种商品上使用了与注册商标近似的商标,或者在类似商品上使用了与注册商标相同或者近似的商标,造成消费者混淆,就构成了商标侵权,销售上述商品或者为侵权行为提供侵权条件的行为均构成侵权。发生商标侵权纠纷时,当事人可以协商解决;不愿意协商或者协商不成功的,商标注册人或者利害关系人可以向人民法院起诉,也可以请求市场监督管理部门处理。

(二) 专利申请流程

微课启学:

知识产权的
保护

在我国,专利审批采用先申请原则,即两个以上的申请人向专利局提出同样的申请,专利权授予最先申请专利的个人或单位。因此申请人应及时将其发明申请专利,以防他人抢先申请。授予专利的条件必须具有新颖性,但发表论文、参加展览和开鉴定会都会因公开技术而丧失新颖性,因此发明人有了技术成果之后,应首先申请专利,再发表论文,以免因发表论文而公开技术,不能申请专利。发明专利、实用新型专利和外观设计专利的申请、审查流程如图 4-3-1 所示。

1. 确定申请类型

(1) 发明专利。包括产品形状、构造、生产工艺、配方,保护期为 20 年。

(2) 实用新型专利。包括产品形状、构造或两者的结合,保护期为 10 年。

(3) 外观设计专利。包括产品形状、图案或色彩与它们的结合,保护期为 10 年。

2. 填写专利申请文件

专利的申请文件需要填写清楚产品的创造过程、创新点以及具有什么功能或效果。如果产品有图片,需要附上产品图片。

3. 递交申请文件

(1) 以电子形式申请专利的,申请人须提前办理电子申请用户注册手续,通过专利局专利电子申请系统向专利局提交申请文件。

(2) 以书面形式申请专利的,可将申请文件交到专利局受理窗口,也可以交由专利代办处。

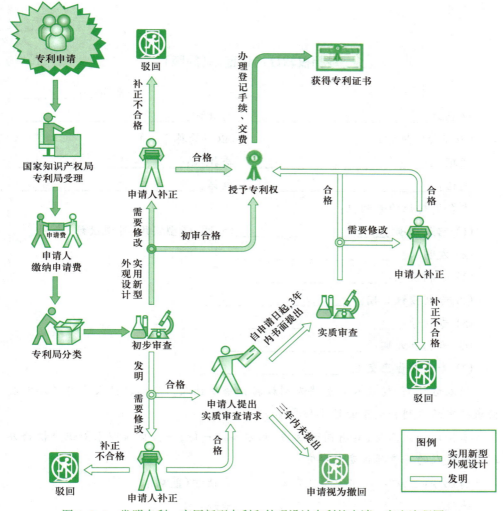

图 4-3-1　发明专利、实用新型专利和外观设计专利的申请、审查流程图

4. 专利申请文件的受理

专利局受理处或各专利局代办处收到专利申请后,对符合受理条件的申请,给予受理。确定申请日和申请号后,发出受理通知书。专利申请不能由个人办理,需要专利局受理处或各代办处办理。

▶ 工具应用

专利权转让协议

说明

专利权进行转让,首先应签订转让协议,然后到专利局办理登记手续,并由专利局公告,合同自登记之日起生效。

工具

专利权转让协议范本(简版)

合同号：＿＿＿＿＿＿＿＿＿＿

受让方：＿＿＿＿＿＿＿＿＿＿＿＿＿＿　转让方：＿＿＿＿＿＿＿＿＿＿＿＿＿＿

(以下简称甲方)　　　　　　　　　　(以下简称乙方)

代理人：＿＿＿＿＿＿＿＿＿＿＿＿＿＿　委托人：＿＿＿＿＿＿＿＿＿＿＿＿＿＿

电话：＿＿＿＿＿＿＿＿＿＿＿＿＿＿＿　电话：＿＿＿＿＿＿＿＿＿＿＿＿＿＿＿

本合同转让的专利权：

(1) 它是一项＿＿＿＿＿＿＿＿＿＿＿＿＿＿ (发明、新型实用、外观设计) 专利。

(2) 发明人：＿＿＿＿＿＿＿＿＿＿＿＿＿＿

(3) 专利权人：＿＿＿＿＿＿＿＿＿＿＿＿＿

(4) 专利授权日期：＿＿＿＿＿＿＿＿＿＿＿

(5) 专利号：＿＿＿＿＿＿＿＿＿＿＿＿＿＿

(6) 专利有效期：＿＿＿＿＿＿＿＿＿＿＿＿

(7) 专利年费已交至＿＿＿＿＿＿＿＿＿＿＿

经双方协商,转让人同意将专利权转让给受让人。原由转让人享有的法定及协议约定的权利和义务由受让人承接。

本协议一式三份,具有同等效力,双方各持一份,一份交给国家知识产权局办理专利权人的著录项目变更事宜。

转让方(盖章)：　　　　　　　　　受让方(盖章)：

地址：　　　　　　　　　　　　　　地址：

邮编：　　　　　　　　　　　　　　邮编：

组织机构代码：　　　　　　　　　　组织机构代码：

日期：　　　　　　　　　　　　　　日期：

【模块训练】

● **实践任务**

设计你的产品

请每个团队围绕确定的创业项目,在充分开展市场调查后,设计并开发项目的产品和服务,完成产品设计并填写以下产品画布。

产品名称			
产品描述			
产品功能		使用人群	
开发的产品是什么?属于哪个行业?是什么类型的产品?			
产品的目标用户是谁?			
开发的产品能为用户解决什么问题?			
开发的产品能给用户带来什么好处?			
开发的产品与竞争对手的产品有哪些不同?差异化最大的地方是什么?			
	产品解决的问题	产品解决问题的方案	使用场景
1			
2			
3			
4			
5			

● 思考探究

(1) 选择一个你熟悉的产品或服务,思考它的整体概念层次分别是什么?

(2) 选择一个你熟悉的产品或服务,从产品、企业和消费者三个方面思考它的产品定位。

(3) 拓展探究:请选取以下 2~3 个名词,探索其概念与意义。

商品的加成率　商品的目标利润率　随行就市定价法　产品差别定价法　密封投标定价法

【模块检测】

扫描下方二维码,测一测你对本模块知识的掌握程度。

模块检测四

【模块评估】

(1) 请根据你的学习情况进行评价。

模块四　学习评估表

考评项目	考评内容	评分标准及要求	分值			得分
主题一:定位创业产品	学习态度(20分)	课前完成线上预习与相应的学习任务;能够积极思考,主动发现和提出问题;能够大胆表达自己的观点,积极参与互动	好(15~20分)	较好(10~14分)	一般(1~9分)	
	知识掌握情况(30分)	产品定位的概念及含义	掌握(8~10分)	熟悉(5~7分)	了解(1~4分)	
		产品定位的原则和方法	掌握(16~20分)	熟悉(8~15分)	了解(1~7分)	
	学习效果(10分)	熟练掌握学习内容,顺利达成任务目标,完成模块检测	好(8~10分)	较好(6~7分)	一般(1~5分)	
主题一　得分						

续表

考评项目	考评内容	评分标准及要求	分值			得分
主题二：设计创业产品	学习态度（20分）	课前完成线上预习与相应的学习任务；能够积极思考，主动发现和提出问题；能够大胆表达自己的观点，积极参与互动	好（15~20分）	较好（10~14分）	一般（1~9分）	
	知识掌握情况（30分）	产品的创意及设计过程	掌握（8~10分）	熟悉（5~7分）	了解（1~4分）	
		互联网时代的产品设计	掌握（8~10分）	熟悉（5~7分）	了解（1~4分）	
		产品定价的方法和步骤	掌握（8~10分）	熟悉（5~7分）	了解（1~4分）	
	学习效果（10分）	熟练掌握学习内容，顺利达成任务目标，完成模块检测	好（8~10分）	较好（6~7分）	一般（1~5分）	
主题二　得分						
主题三：保护产品创意	学习态度（20分）	课前完成线上预习与相应的学习任务；能够积极思考，主动发现和提出问题；能够大胆表达自己的观点，积极参与互动	好（15~20分）	较好（10~14分）	一般（1~9分）	
	知识掌握情况（30分）	知识产权的概念、常见种类	掌握（8~10分）	熟悉（5~7分）	了解（1~4分）	
		如何保护知识产权	掌握（16~20分）	熟悉（8~15分）	了解（1~7分）	
	学习效果（10分）	熟练掌握学习内容，顺利达成任务目标，完成模块检测	好（8~10分）	较好（6~7分）	一般（1~5分）	
主题三　得分						
实践任务	任务完成情况（40分）	按照要求完成实践任务，分析准确、操作流程正确、方案设计合理、内容具有较好的操作性，并落地实践	好（32~40分）	较好（24~31分）	一般（10~23分）	
实践任务　得分						
总分 = 得分（主题一）×30%+ 得分（主题二）×30%+ 得分（主题三）×40%+ 得分（实践任务）			模块四　总分			

评估人：＿＿＿＿＿＿＿　　时间：＿＿＿＿＿＿＿

（2）学习完本模块，你还有哪些收获？

＿＿＿＿＿＿＿＿＿＿＿＿＿＿＿＿＿＿＿＿＿＿＿＿＿＿＿＿＿＿＿＿＿＿＿＿＿＿

＿＿＿＿＿＿＿＿＿＿＿＿＿＿＿＿＿＿＿＿＿＿＿＿＿＿＿＿＿＿＿＿＿＿＿＿＿＿

＿＿＿＿＿＿＿＿＿＿＿＿＿＿＿＿＿＿＿＿＿＿＿＿＿＿＿＿＿＿＿＿＿＿＿＿＿＿

＿＿＿＿＿＿＿＿＿＿＿＿＿＿＿＿＿＿＿＿＿＿＿＿＿＿＿＿＿＿＿＿＿＿＿＿＿＿

【模块导读】

▶ 知识地图

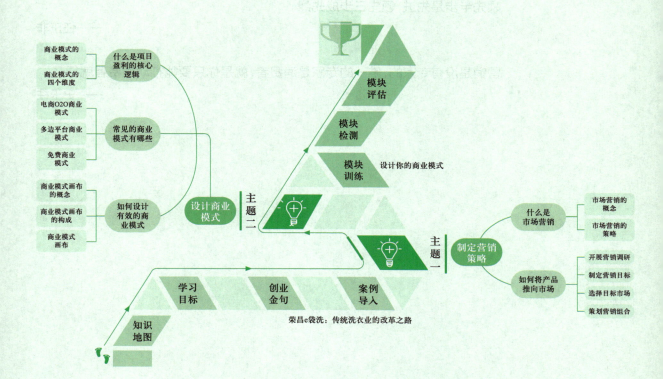

商业模式的概念

商业模式的四个维度

什么是项目盈利的核心逻辑

电商O2O商业模式

多边平台商业模式

免费商业模式

常见的商业模式有哪些

商业模式画布的概念

商业模式画布的构成

商业模式画布

如何设计有效的商业模式

设计商业模式

主题二

模块评估

模块检测

模块训练　设计你的商业模式

学习目标

创业金句

案例导入

荣昌e袋洗：传统洗衣业的改革之路

知识地图

主题一

制定营销策略

什么是市场营销

市场营销的概念

市场营销的策略

如何将产品推向市场

开展营销调研

制定营销目标

选择目标市场

策划营销组合

▶ 学习目标

● 知识目标

(1) 了解企业的市场营销策略

(2) 了解商业模式的内涵和设计方法

● 能力目标

(1) 具备初步制定初创企业营销策略的能力

(2) 具备进行初创企业商业模式设计的能力

● 素养目标

(1) 养成正确的营销理念和态度

(2) 树立正确的商业价值观

▶ 创业金句

领先半步是先进,领先三步成先烈。

——任正非

营销是没有专家的,唯一的专家是消费者,就是你只要能打动消费者就行了。

——史玉柱

► **案例导入**

荣昌 e 袋洗：传统洗衣业的改革之路

荣昌传统洗衣模式——线下洗衣连锁店

荣昌科技服务有限责任公司（以下简称"荣昌洗衣"）于 1990 年成立，从家庭作坊式的经营发展成为专业从事清洁服务的连锁企业。正当公司如日中天时，创始人张荣耀嗅到了危机。"生意不以用户为中心了，玩法肯定不对。"于是张荣耀决定转型。2000 年，荣昌洗衣与新浪网联手推出网上洗衣，直接面向用户，但效果不佳，这让他意识到，PC 时代^①布局生活服务业并不合适。2004 年，他开始推行酝酿已久的"一带四＋联网卡"模式：在一家荣昌洗衣店周边，由总部设立四个收衣点，将衣服交给洗衣店清洗，消费者用一张联网卡就能在荣昌所有门店使用。2008 年，荣昌洗衣成为北京奥运会唯一指定洗衣服务商，获得北京奥组委、北京市政府的表彰与嘉奖。通过了奥运服务的严格检验之后，荣昌洗衣不断创新与完善，成为北京市政府指定的官方会议期间洗衣服务商，承接了 2009 年至 2013 年连续五届中华人民共和国全国人民代表大会和中国人民政治协商会议（以下简称"两会"）的洗衣任务，得到了市政府的高度赞誉。自此，"奥运独家洗衣服务商""两会洗衣服务商"成为荣昌洗衣的代名词。

新时代下的荣昌洗衣新模式——e 袋洗

2013 年底，荣昌洗衣重磅推出了互联网洗衣产品"荣昌 e 袋洗"，开创洗衣行业新模式。用户可通过移动端随时随地下单，上门取送，专业洗护，订单全流程透明、可追溯，解决了顾客到干洗店洗衣停车难、送洗衣物交接烦琐、店面营业时间不能满足顾客取送时间等一系列洗衣痛点，使用效率和体验大幅提升。

张荣耀为荣昌洗衣找到了正确的发展方向。从线下到线上的转型，已成为洗衣行业发展不可逆转的大趋势。现如今，荣昌 e 袋洗已发展成为中国领先的智能洗护平台，业务覆盖 306 个城市，为超过 2 000 万家庭用户提供洗衣、洗鞋、洗窗帘、洗家纺、高端服饰洗护、奢侈品皮具养护等全品类洗护、养护服务。

● **案例解析**

从传统线下洗衣门店到移动互联网洗护、智能手机移动下单，荣昌洗衣实现了效率和体验的大幅提升，这是洗护服务场景智能化的第一阶段。智能客服、智能调度派单、无人驿站、智能洗护工厂等，则是洗护服务场景智能化的第二阶段。未来荣昌 e 袋洗将和服装服饰企业跨界合作，通过大数据实现场景智能化的第三阶段。

---

① PC 时代即所有设备使用一个统一的操作系统。

主题一 制定营销策略

微课启学：

市场营销

一、什么是市场营销

（一）市场营销的概念

1. 市场营销的定义

市场营销是在创造、沟通、传播和交换产品过程中，为顾客、客户、合作者以及整个社会带来价值的一系列活动。市场营销的基本目标是获取、维持和增加顾客。

2. 市场营销的核心概念

（1）需要、欲望和需求。需要是人们与生俱来的基本要求，这些需要存在于人类自身生理和社会需要中，创业者可用不同方式去满足它们。市场营销人员虽然无法创造需要，但是可以影响顾客的购买欲望。

（2）市场细分、目标市场和定位。每个人对每类产品都有自己的喜好，因此不同人群的需求往往是不同的，创业者需要通过识别不同人群的心理和行为差异来区分不同的细分市场。

（3）产品和服务。从营销的角度而言，产品和服务是能够满足人的需要和欲望的，其价值在于给人们带来对欲望的满足。

（二）市场营销的策略

微课启学：

4P 营销理论

市场营销组合作为市场营销的核心概念，是指企业用于实现其营销目标的一整套营销工具。1975 年，美国密歇根州立大学的市场营销学教授麦卡锡率先提出了一套企业可控的营销要素组合，包括产品（Product）、价格（Price）、渠道（Place）、促销（Promotion）四个要素。由于这四个要素的首字母均是 P，所以它被称作"4P 营销理论"（图 5-1-1），这是市场营销领域最经典的一套营销组合。

1. 产品策略

（1）功能用途。功能用途是产品和服务最基本的立足点，顾客购买产品或者服务希望获

图 5-1-1　4P 营销理论

100

得什么功能、实现什么效用、解决什么问题,都是开发产品或设计服务时最需要考虑的。

例如,腾讯会议于 2019 年 12 月上线,产品方希望界面简洁,让每个用户不需要花费太多学习时间就能很方便地组织线上会议,做到随时随地开会。新型冠状病毒感染暴发以后,腾讯会议赶上了在线会议的发展大势,在疫情期间免费开放了300 人的不限时线上会议服务,致力于满足远程会议场景的需求。

(2)质量品质。如果产品价格非常优惠,但是质量不过关,消费者还是会避而远之。而质优的产品,即便价格较高,消费者通常也会愿意接受,因为质量代表着放心、安全、无风险。

例如,乐扣的水杯无论是密封性还是保温性都非常好。只要扣上了扣带,乐扣保温杯在包里无论是倒立还是横躺都不会漏一滴水;晚上灌满开水第二天起来水还是温的,因此乐扣牌水杯得到了很多客户的信赖。

(3)特色差异。随着市场竞争日益激烈,市场上同质化的产品也越来越多,企业要想脱颖而出,需挖掘自身特色,开发与市场上其他竞品有差异的产品或服务。

例如,普通的牙膏一般都是白色的,高露洁则推出了一种三重功效的牙膏,膏体由三种颜色构成,给消费者以直观感受:白色的在洁白我的牙齿,绿色的在清新我的口气,蓝色的在清除口腔细菌。这就是差异化的魅力。

(4)品牌形象。品牌是用以区别于其他竞争对手的商业名称及标志。品牌对于客户的吸引力在于,它代表了一种保证、一种标准、一份承诺。消费者选择某一特定品牌,是代表对此品牌的信任。

例如,我们在挑选计算机、相机等产品的时候,大品牌产品会令人更加放心。品牌会将它的品牌价值传递到客户身上,品牌附加值是产品价值中一个重要的组成部分。例如,一些成功人士会购置符合他们身份形象的豪华轿车。

(5)包装设计。产品或服务的质量是否过关,需要消费者使用后才能够评价。但客户对产品的第一印象,一般来自产品的包装。

例如,一些土特产经过包装升级后,受到了更多年轻消费者的喜爱;中秋节的月饼大多是作为馈赠的礼品,顾客往往会青睐于包装设计感更好的。

(6)附加服务。服务是指伴随着产品的出售,企业向客户提供的各种附加服务,如产品的视频介绍、送货安装、调试维修、技术培训等。

例如,海底捞凭借贴心的服务成为餐饮行业的标志性企业。

(7)产品保障。随着购买的发生,风险也伴随其中。如果客户因买不到称心产品而担心,在一定程度上会限制其购买欲望。而卖方的承诺可以起到一种保险作用,降低客户的购买心理压力,同时也体现了企业对自家产品的信心。

例如,电商推出的"七天无理由退换""赠送运费险"等服务,生鲜电商推出的到货"坏果包赔"服务,可以让消费者购买时没有后顾之忧。

2. 价格策略

价格策略是营销组合中一个十分关键的组成部分。价格通常是影响交易达成的重要因素。过高的定价容易让价格敏感性较高的消费者产生抵触心理;过低的定价则会让消费者认为"便宜没好货",容易使企业在消费者心目中留下低端、不上档次的形象。因此,对产品进行定价时,企业既要考虑成本,又要考虑消费者对价格的接受能力。

在进行产品定价时,要充分考虑人群、季节、竞品、场景、毛利等因素,下面介绍五种定价策略。

(1)折扣定价策略。企业为了鼓励顾客及早付清货款、大量购买、淡季购买,可酌情降低基本价格,这种定价策略叫折扣定价策略。包括现金折扣、数量折扣、功能折扣、季节折扣、价格折让等。

(2)地区定价策略。考虑到运输距离、保存时间等因素,卖给不同地区(包括当地和外地)的顾客,是分别制定不同价格,还是采用相同价格,是否制定地区差价,这就是地区定价策略要决定的,可以考虑分区定价、运费免收等。

(3)心理定价策略。心理定价策略就是企业在制定产品价格时,运用心理学原理,根据不同类型消费者的消费心理来制定价格,主要包括声望定价、尾数定价、特价商品定价等。

(4)差别定价策略。差别定价又称需求差异定价,是指企业按照两种或两种以上不反映成本费用的比例差异的价格销售产品或服务,主要形式有顾客差别定价、产品形式差别定价、产品地点差别定价、销售时间差别定价等。

(5)新产品定价策略。对于新推出的产品,常常采用撇脂定价和渗透定价。撇脂定价是指在产品生命周期的最初阶段,把价格定得很高,以获取最大利润。而渗透定价是指企业把其新产品价格定得相对较低,以吸引大量顾客、提高市场占有率。以一个较低的产品价格打入市场,目的是在短期内加速市场成长,牺牲高毛利以期获得较高的销售量及市场占有率,进而产生显著的成本经济效益,使成本和价格得以不断降低。

3. 渠道策略

渠道策略是整个营销系统的重要组成部分,它对降低企业成本和提高企业竞争力具有重要意义。随着市场发展进入新阶段,企业的营销渠道不断发生新的变革,旧的渠道模式已不能适应形势的变化。

采用线上线下相结合的模式,线下可以通过展销会、行业协会举办的活动,或走访实体店铺去宣传产品,线上可以选择各大社交平台和电商平台宣传产品,从而提升产品的知名度及销量。

创业秘钥

>> 心理学家的研究表明,价格尾数的微小差别能够明显影响消费者的购买行为。一般认为,百元以上的商品,价格末位数为98、99最为畅销。

创业秘钥

>> "信息不对称"往往导致价格歧视,一旦被消费者发现,则会重重打击其购买欲望,商家要避免采用此方式,而是要通过提供产品之外的附加价值,让买卖双方心甘情愿接受价格差。

4. 促销策略

促销策略是指企业通过各种不同的促销手段,向消费者传递或与其沟通有关的产品或服务。引起消费者对企业及其产品或服务的兴趣,并激发其产生购买欲望及购买行为的的市场营销活动。

创业初期的企业和其他成熟企业的营销在本质上的差别是,初创企业的社会认知度比较小,同时,可用资源也非常有限,所以企业营销最希望达到投入小、见效快的理想模式。下面介绍企业进行宣传推广和产品促销时常用的四种方式。

(1) 广告。广告即企业通过支付费用的方式,向市场发布信息,使客户对企业的产品或服务产生购买兴趣。广告可以通过多种媒介来实现,包括互联网、杂志、报纸、广播电台及电视等。例如,国产美妆品牌"完美日记"通过大量的广告投放以扩大知名度,使年轻女性热衷于购买该品牌旗下的美妆产品。

初创企业应该对每个可选媒介进行仔细评估,不仅要考虑宣传成本,而且要考虑广告投放后能否达到期待的市场效果,同时还要把这些宣传方式与其他促销手段结合起来以增强广告效应。此外,初创企业还应当注意广告时长,这对降低宣传成本是很有帮助的。

(2) 营业推广。营业推广是指尽一切努力使光顾企业的顾客购买更多的产品。与其他促销方式不同,营业推广多用于短时期内的特殊促销。营业推广手段包括:样品赠送、免费试用、发放折扣券、有奖销售、返还现金等,还可以通过展销会、交易会、博览会等方式来推销产品。例如,举办新店开业大酬宾活动。

(3) 人员推销。人员推销是指通过销售员深入中间商或消费者进行直接的宣传介绍活动,使消费者产生购买行为的促销方式。例如,超市酸奶货架前,会站有端着该品牌酸奶的销售人员为路过的消费者推销酸奶,并让消费者免费品尝。

人员推销的方式有以下四个显著特点:一是由于推销人员可以与消费者直接接触,并就近观察到其态度和需要,针对不同类型的消费者,推销人员可采取不同的、有针对性的推销手段和策略;二是推销人员可直接从消费者处得到信息反馈,如消费者对推销人员的态度、对产品和企业的看法等;三是人员推销可提供售后服务和追踪服务,能及时发现并解决产品在使用时出现的问题;四是该方式可以促进买卖双方建立友谊,保持长期联系。

因此,对某些产品来说,人员推销是最有效的促销方式之一,特别是在取得消费者信任、建立消费者偏好和促成购买行为方面,效果更为突出。不过,人员推销需耗费较多的人力、物力、财力且时间成本高,初创企业要慎重考虑。

(4) 公共关系。公共关系是指企业通过利用新闻媒体宣传和积极参与社会公益活动等方式,树立良好的企业公众形象,增进公众对企业的信任与支持,从而扩大销售的一种促销方式。例如,格力电器推出"您守护大家,格力守护您"的公益活动,为东莞一线抗疫人员免费清洗全屋家电。

公共关系是一种间接的促销方式,并不要求直接达到销售目标,但它对企业的发展具有特殊意义。例如,新闻媒体报道企业开发的新产品,就可以将产品的相关信息有效地传递给消费者。

二、如何将产品推向市场

市场营销策略的制定包括以下步骤。

(一) 开展营销调研

营销调研是企业营销活动的出发点,通过营销调研可以对外部环境、内部环境进行有效分析。营销调研涉及营销活动的各个方面,主要有产品调研、顾客调研、销售调研和促销调研等。

1. 产品调研

产品调研包括对新产品设计、开发和试销,对现有产品进行改良,以及对目标顾客在产品款式、性能、质量、包装等方面的偏好趋势进行的预测。企业也需要对供求形势及影响价格的其他因素的变化趋势进行调研,从而帮助产品定价。

2. 顾客调研

顾客调研包括对消费心理、消费行为等特征进行调查分析,研究社会、经济、文化等因素对购买决策的影响,确定这些因素的影响作用发生在消费环节、分配环节还是生产领域。此外,企业还要了解潜在顾客的需求情况(包括需求内容、需求数量、需求时间等)、影响需求的各因素变化情况、顾客的品牌偏好及对本企业产品的满意度等。

3. 销售调研

销售调研包括对购买行为的调查,即研究社会、经济、文化、心理等因素对购买决策的影响,也包括对企业销售活动的全面审查,如对销售量、销售范围、分销渠道等方面的调研,以及产品的市场潜力、销售潜力、市场占有率的变化情况。销售调研还应该就本企业相对于主要竞争对手的优劣势进行评估。

4. 促销调研

促销调研主要是对企业在产品或服务的促销活动中所采用的各种促销方法的有效性进行测试和评价。

(二) 制定营销目标

营销目标包括多种维度,通常来说包括四个方面:品牌、获客、销量和忠诚度。比如提升你的品牌影响力,获取到更多的潜在客户数,增加销售量,还有提升用户的忠诚度等。

（三）选择目标市场

1. 细分目标市场

消费者市场细分的标准：地理因素、人口因素、心理因素和行为因素。

生产者市场细分的依据：行业细分、规模细分、地理细分。

2. 开展市场定位

市场定位战略的本质是差异化，可采用产品差异化战略、服务差异化战略、人员差异化战略、形象差异化战略、促销方式差异化战略。

（四）策划营销组合

策划营销组合是指企业在市场上推广产品或服务时，通过不同的营销手段和策略，包括产品、价格、推广和渠道等方面的组合，来满足不同消费者和市场的需求，从而达到销售和盈利的目标。

▶ **案例分享**

立志打造中国商界"绿色产业链"——伊利的市场营销策略

内蒙古伊利实业集团股份有限公司（以下简称伊利集团）是中国唯一一家同时服务北京奥运会和上海世博会的大型企业。伊利集团始终以强劲的实力领跑中国乳业，并以极其稳健的增长态势成为持续发展的乳品行业代表。伊利集团也是中国绿色事业的先行者和奠基人之一。

创立之初，伊利集团就秉承着责任导向的发展观，全力谋求与行业、社会和全球环境的和谐共赢。伊利集团第一次在中国商界提出打造"绿色产业链"的构想，力求在乳业上、中、下游间构建一条绿色生态循环链。

产品策略

1. **市场细分**

伊利营销战略的成功首先来源于对市场的细分。市场细分策略就是按照一定的基础和标准，把一个市场划分成若干部分，每一部分市场内的客户具有较高程度的同质性，与其他部分的客户相比，则具有较高的异质性。企业通过对市场进行细分之后，评估每个市场的价值，同时根据自己的资源和能力，辨认和确定目标细分市场，然后针对客户的特点采取独特的产品和市场营销战略，以求获得最佳效益。

伊利按照产品类型，将业务分为四大块：液态奶、酸奶、冷饮和奶粉。

伊利按照年龄，将消费者分为以下几个类型：婴幼儿、儿童、青少年、青年、中年和老年。

2. 市场定位

伊利奶粉的产品分为三个系列,其市场定位如表5-1-1所示。

表 5-1-1　伊利奶粉的市场定位

产品系列	主要用户
金领冠系列	主要用户为婴幼儿,提供婴幼儿成长所需的营养物质
QQ 星系列	主要用户为儿童,提供符合儿童营养、口味、喜好的产品
欣活系列	主要用户为中老年人,提供膳食纤维,补充钙质,低糖又营养

渠道策略

根据市场的定位,伊利在选择渠道模式时,主要考虑规模成长对通路建设和辐射力的要求,充分考虑渠道成本、产品特性、人员状况、市场因素等,依据不同区域市场的特点,在全国范围内采用了网络式、垂直式、直销式、平台式、辅助式等多种渠道模式,核心在于提高渠道的快速反应力。

定价策略

1. 产品组合

多品牌战略的实施有两个特点:一是不同的品牌针对不同的目标市场,二是品牌的经营具有相对的独立性。

2. 定价组合

在不同目标市场上采取不同的价格策略。在低端市场上,伊利采用竞争性定价策略,确保与主要竞争对手相比时能够保持竞争优势;而在中高端市场上,伊利则采用高价策略,通过产品的高质量和差异化获得消费者的满意和忠诚,从而赢得更大的利润空间。

促销策略

1. 大卖场——扩大影响力,做销量

因为大卖场商品品种齐、价格低、吸客力强,顾客云集,不仅去大卖场的次数多,而且每次都是大量采购。伊利的促销策略是增加卖场的生动化展示,包括扩大货架陈列面,做整箱堆头陈列;派驻促销兼理货员;举办免费品尝活动;在周日及节日期间举办买赠促销活动;整箱购买优惠;在适当时间做大卖场的上刊特价商品等举措。

2. "送奶到户"——锁定顾客,增加现金流

通过服务来锁定顾客,培养顾客忠诚度。伊利的促销策略是制定"上午订下午取,下午订隔天上午送""客户投诉 24 小时解决"等服务措施;建立顾客资料库;推出集点优惠促销;不同数量整箱订购坎级促销;在新社区举办免费品尝活动。

主题二　设计商业模式

现代管理大师彼得·德鲁克曾说过："当今企业之间的竞争，不是产品之间的竞争，而是商业模式之间的竞争。"选择一个好的商业模式，有利于为企业创造更多的价值。

一、什么是项目盈利的核心逻辑

(一) 商业模式的概念

商业模式就是公司盈利的途径或方式，是一个企业创造价值的核心逻辑，描述了企业如何创造价值、传递价值、获取价值的基本原理。

创造价值就是公司提供的产品或者服务为特定消费群体带来的核心价值。例如，春节期间许昌胖东来天使城被迫进行短暂歇业，胖东来"火爆"是缘于把利他做到了极致，如独特的产品特色(鲜活水果、优质肉类)、巧妙的营销手段(限量商品、拼团活动)等，成为三四线城市零售业的一面旗帜。

传递价值就是通过各种渠道让目标消费群体知道产品或服务的价值。例如，民族品牌安踏赞助中国体育代表团服装，通过赞助成功且有效地吸引了目标消费群体的注意。

获得价值是指尽可能地从为客户创造的价值中获取最大的回报。例如，WPS (Word Processing System)作为一款常用的办公软件，在免费使用的基础上，也开通了付费服务，如果成为其付费会员，便可享有文档修复、数据恢复、云文档、PDF 转换、100G 云空间等特色功能。

(二) 商业模式的四个维度

为了更深入地了解商业模式，可以将其分为四个组成维度(图 5-2-1)。

1. 价值体现
企业为客户创造并传递的价值。

2. 价值创造
企业构建的平台、资源、流程、标准等。

3. 价值传递
通过相关平台、渠道，将价值传递给目标客户的过程。

微课启学：

什么是商业模式

107

4. 企业盈利

企业能最大化创收,且能持续创收。

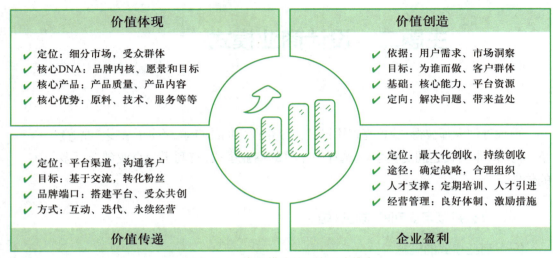

图 5-2-1　商业模式的四个组成维度

二、常见的商业模式有哪些

(一) 电商 O2O 商业模式

O2O 是 Online to Offline 的简称,从狭义上来理解,O2O 模式就是线上交易、线下体验消费的商务模式,主要包括两种场景:一是线上到线下,用户在线上购买或预订服务,再到线下商户实地享受服务,目前这种类型的比较多;二是线下到线上,用户通过线下实体店体验并选好商品,然后通过线上下单来购买商品。

广义的 O2O 模式就是将互联网思维与传统产业相融合,未来 O2O 模式的发展将突破线上和线下的界限,实现线上线下、虚实之间的深度融合,其核心是基于平等、开放、互动、迭代、共享等互联网思维,利用高效率、低成本的互联网信息技术,改造传统产业链中的低效率环节。

> ▶ **案例分享**
>
> ### 美团外卖的 O2O 商业模式
>
> 美团外卖是美团公司旗下的一个在线订餐平台。2013 年,美团开启了 O2O 商业模式,尝试进入外卖市场,推出美团外卖业务。通过线上平台提供订餐服务,让消费者可以通过手机 App 或者网站下单,支付成功后,由实体店铺进行配送服务,最后让消费者足不出户便可享受到美食的味道和服务。通过线

上平台,消费者可以浏览店铺、点餐、查看评价等,同时还可以享受到线上优惠和积分等福利。而在线下实体店铺,消费者可以享受到更好的用餐体验和服务,同时也可以直接反馈意见和建议。

美团的O2O模式可以提高实体店铺的曝光率和销售额,同时也可以提高消费者的购物体验和忠诚度。一个好的商业模式是一个企业成功的关键要素之一,美团外卖的成功自然也离不开其独到的商业模式(表5-2-1)。

表5-2-1 美团外卖的商业模式

重要合作:包括餐厅、物流公司、支付机构等	关键业务:包括订单管理、配送服务、售后服务等	价值主张:提供快捷、方便、优惠的订餐服务,同时还提供丰富的选择和优质的服务体验	客户关系:通过提供优质的服务、积极解决客户问题、提供优惠和活动等方式,来建立和维护客户关系	客户细分:主要客户是需要订餐服务的消费者,包括上班族、家庭主妇、学生等
	核心资源:包括技术平台、品牌、营销渠道、配送网络等		渠道通路:通过手机App和网站进行线上销售,同时也通过实体店铺进行线下销售和配送服务	
成本结构:包括技术开发、运营和维护、营销和推广、配送服务等			收入来源:主要收入来源于订单销售,同时还包括广告和促销等收入	

(二)多边平台商业模式

多边平台式商业模式是指将两个或多个独立但相互依存的客户群体连接在一起实现盈利的方式。多边平台式商业模式最核心的功能就是作为市场的中介,将市场中的各方资源整合起来,吸附大量市场信息,快速高效地建立买卖双方的关系,从而促进交易的达成,通过充当链接这些群体的媒介而创造价值。

创业秘钥

>> 一个多边平台的价值提升在于它所吸引的用户数量的增加。

▶ 案例分享

大众点评的多边平台式商业模式

大众点评的运营就是典型的多边平台式商业模式,大众点评的核心价值主张是为消费者提供客观、准确的本地化消费信息指南,包括餐饮、休闲、娱乐等各方面生活服务的信息评论和分享。大众点评是消费者在该网站发布动态、自主管理和交易各类生活服务相关信息的网络平台。大众点评搭建了商家、消费者、广告商、移动运营商等多方参与的交易和信息共享平台。

近年来,大众点评不断在加强多方合作,陆续推出便利用户的各种服务方式。依托庞大、详细且即时更新的消费指南信息,大众点评不仅吸引了如新华网、千龙、21CN 等网站,以及光线传媒等电视媒体与其展开内容合作,还与中国移动、中国联通、中国电信、空中网、诺基亚、掌上通等合作,推出基于短信(SMS)、WAP 等无线技术的信息服务,为中国数亿手机用户随时、随地、随身提供餐馆等商户信息。在广泛的会员基础上,大众点评推出国内首套餐饮积分体系,并与中国国际航空公司、上海大众汽车俱乐部等企业开展合作,以贵宾卡的形式为会员提供消费、积分、礼品兑换和积分抵扣消费额等服务。此外,大众点评还与 GPS 领域与新科电子、M10 开展合作,所有汽车用户利用车载GPS 导航系统或手机地图就可以精确定位目的地。

(三) 免费商业模式

免费商业模式指的是通过向用户提供免费的服务或者产品功能来积累流量,再以流量为基础来构建自己的盈利模式,从而创造价值的一种商业模式。例如,当运营商还依靠用户打电话、发短信盈利的时候,微信通过图片、语音、视频等多种形式实现了用户之间的关系交互。微信以免费的方式直接把传统通信企业的客户带走,继而转化成流量,然后再利用其他渠道(如朋友圈广告投放、视频号营销等)实现盈利。

在免费商业模式中,至少有一个关键的客户群体是可以持续免费享受服务的。不付费的客户所得到的财务支持来自商业模式中的另一个客户群体。

▶ 案例分享

360 杀毒软件

免费商业模式的一个典型代表就是 360 杀毒软件,2009 年以前,杀毒工具都是收费的,360 就是打着免费的口号宣传自己的品牌。于是在随后的 5 个月中,中国广大网民就见证了中国杀毒软件行业最大的一场颠覆。在魅力远远大于收费软件的免费杀毒软件 360 面前,连续 9 年占据中国杀毒软件头把交椅的瑞星市场份额已跌至 33.15%,而金山更是跌至 13.93%。就这样 360 凭借自己免费的特点打败了杀毒软件产业的一大批竞争对手,获得了大量的用户,越来越多的用户逐渐带来越来越多的价值。使用过 360 的人都知道,在安装将要完成时,360 会推荐我们下载 360 的浏览器,并一再向用户强调是基于 360 的安全架构,能够保证上网安全。当我们放心下载了这个浏览器,并且开始使用时可以发现首先蹦出来的就是 360 的导航网站,在这个导航网站上,不仅有大量搜索引擎的入口,还有推荐的各种垂直网站,涉及小说、视频等各种类别,这些都是 360 的收入来源。

同时,在免费的基础上,360 建立了强大的用户群体付费意识,这样 360 的免费模式布局也就慢慢完成了。数据显示,2013 年,360 杀毒软件在中国就已经拥有了将近 3 亿用户,按照我们所说的免费思维,只要其中有1%的用户付费 360 就有了 300 万的付费用户,完全足够支撑起 360 整体的经营战略。而这些付费的用户都来源于 360 起初免费的推广。可以说,正是提供的免费商品起到了广告和导向的作用,才使那些部分收费的产品有如此广大的潜在市场。

三、如何设计有效的商业模式画布

商业模式画布是一个非常好用的商业模式分析工具,创业者可用此工具来分析、设计和创新商业模式。

(一) 商业模式画布的概念

商业模式画布是一组战略管理和创业工具,能够描述、设计、质疑、发现和定位商业模式,可以帮助创业者记录创意、降低风险、找准目标用户、合理解决问题。

一个好的商业模式,必须能够较好地回答以下四个基本问题。

(1) 客户细分。我们能为哪些客户提供产品和(或)服务?

(2) 产品或服务。我们能为客户提供什么样的产品和(或)服务? 提供什么(独特的)价值?

(3) 基础设施。我们如何为客户提供这些产品和(或)服务?

(4) 金融能力。我们能够获取多少利润? 收入是多少? 成本是多少?

(二) 商业模式画布的构成

商业模式画布由九个模块组成,分别为:客户细分、价值主张、渠道通路、客户关系、收入来源、核心资源、关键业务、重要合作和成本结构(图 5-2-2)。按照以上顺序解读商业模式画布,便可展示企业创造价值的商业逻辑。

微课启学:

什么是商业画布

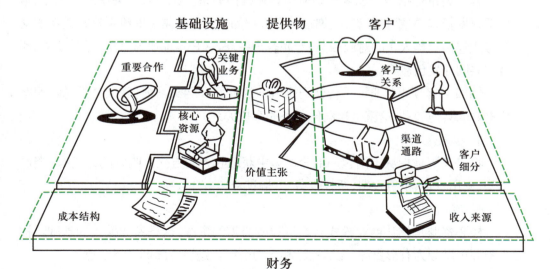

图 5-2-2 商业模式画布

1. 客户细分

客户是一个商业模式的核心,有了客户才会有企业发展的根基。客户细分是指明确企业要服务的对象。没有一个企业能够做尽所有的生意,没有一个机构能够满足所有类型顾客的需求,所以创业者需要认真地思考并谨慎地选择企业要服务于哪一类客户群体,以及忽略哪一类客户群体。为了更好地服务客户,企业应按照客户的特征、行为、地域、年龄、性别、需求,将客户分为不同的群体以区别传递价值的方式。

2. 价值主张

价值主张是指产品或服务满足了细分的客户群体什么样的需求,为客户创造和传递了什么样的价值,帮助客户解决了什么样的问题。简单来说,价值主张就是给消费者一个购买的理由。

好的价值主张是在对客户理解的基础上形成的。设计价值主张时,应尽量从客户的角度去分析对他们最重要的"工作",包括其能够帮助用户完成的功能性、社会性或情感性工作,关注客户最重要的一种或几种"痛点"以及最期待获得的收益。

3. 渠道通路

渠道通路是指通过何种渠道与客户建立联系并传递企业的价值主张。简单地说,就是企业如何把产品给到客户手里。具体地说,就是要回答以下几个问题:

目标客户群在哪里可以获得服务?

如何建立与客户的联系?

目标客户群更喜欢通过哪种渠道与企业建立联系?

例如,当企业希望给客户提供"健康美味的食物"时,企业可以选择通过自有实体店铺、网络销售、外卖配送、给合作方的店铺供货等不同的渠道使客户获得产品。

4. 客户关系

客户关系是指企业和客户如何建立并维持关系。建立客户关系的目的,通常包括开发新客户、维护老客户、增加单个客户的销售量。常见的维系客户关系的交互方式包括销售人员的对应服务、专属客户经理、客户自助服务、建立用户社群、和客户共同开发创造等。

例如,在客户网购时,平台会识别客户的喜好和购买习惯,后续会推送匹配客户喜好的其他商品,这就是自动化服务的客户关系。

5. 收入来源

收入来源是指从不同客户细分群体中获取收入的方式。收入的方式有:资产销售、使用收费、租赁收费、授权收费、广告收费和中介收费。

6. 核心资源

核心资源是指让商业模式有效运作所必需的资源,这是商业模式的基础。核心资源可以分为有形资源、无形资源和人力资源。这里要强调以下三点。

(1) 核心资源可以是自有的,也可以是从重要合作者那里获得的。

（2）不同的商业模式所需的核心资源也会不同。

（3）创业者要非常清楚创业项目的核心资源是什么、在哪里。

7. 关键业务

关键业务是指能够创造价值、传递价值、取得收入的重要业务，包括生产制造、产品研发和市场营销。简单来说，就是你需要做什么。

例如，对于教育机构来说，关键业务是课程体系的研发和客户的开发；对于制造业公司来说，关键业务是产品的创新研发和生产。

8. 重要合作

企业经营过程中与企业产生重要合作关系的其他企业或客户，可以是上游企业、下游企业，也可以是个人客户群体。重要合作关系有以下类型：战略联盟（这种联盟可能出现在竞争者或非竞争者之间）、合资关系、可靠的供求关系、竞争者之间的合作关系。

9. 成本结构

成本结构是运营一个商业模式所引发的所有成本。简单而言，成本结构包括固定成本和可变成本两大类。具体包括：开发客户及维护客户关系的成本、运作核心业务的流程成本、员工的工资、场地的租金、产品的研发等都是一个商业模式中可能会发生的成本。

（三）商业模式画布

商业模式画布就像是一个画师的作品，创业者可以将该画布打印出来，与团队成员共同描绘、讨论商业模式中的各个元素，最大限度地发挥该工具的价值。商业模式画布如图 5-2-3 所示。

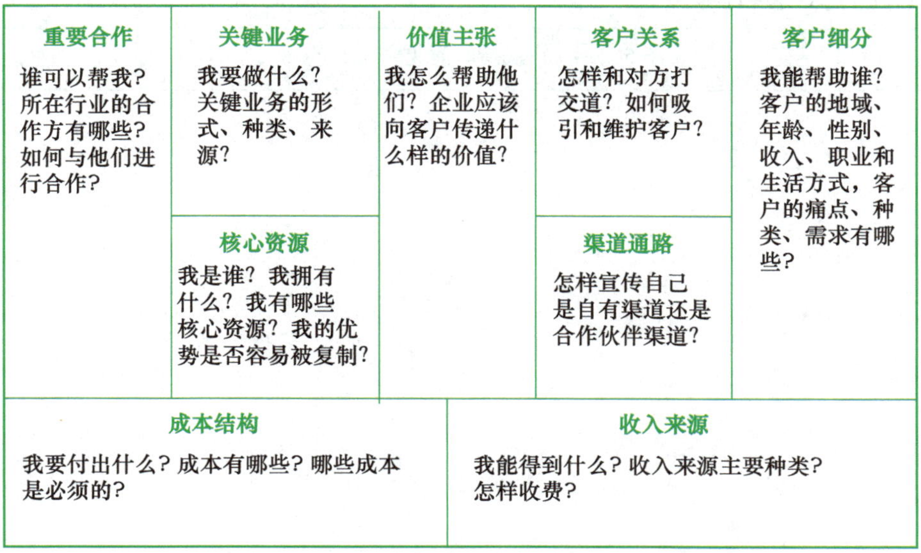

重要合作	关键业务	价值主张	客户关系	客户细分
谁可以帮我？所在行业的合作方有哪些？如何与他们进行合作？	我要做什么？关键业务的形式、种类、来源？	我怎么帮助他们？企业应该向客户传递什么样的价值？	怎样和对方打交道？如何吸引和维护客户？	我能帮助谁？客户的地域、年龄、性别、收入、职业和生活方式，客户的痛点、种类、需求有哪些？
	核心资源		渠道通路	
	我是谁？我拥有什么？我有哪些核心资源？我的优势是否容易被复制？		怎样宣传自己是自有渠道还是合作伙伴渠道？	

成本结构	收入来源
我要付出什么？成本有哪些？哪些成本是必须的？	我能得到什么？收入来源主要种类？怎样收费？

图 5-2-3　商业模式画布图

► **案例分享**

海底捞的商业模式画布

　　海底捞的成功可以说是服务和营销的成功，下图展示了海底捞的商业模式画布（图 5-2-4）。

 重要伙伴

颐海国际、蜀海集团、蜀韵东方分别为海底捞提供底料、食材、装修服务

 关键业务

(1) 门店火锅及外卖业务
(2) 供应链服务
(3) 调味品及食材用品线上销售

 核心资源

(1) 标准化的服务流程和个性化服务特色
(2) "英雄式领导＋有尊严的员工＋充分的授权"的资源整合模式优势
(3) 独特的营销模式

价值主张

(1) "服务至上，顾客至上"的理念
(2) 对内与对外价值相结合，紧抓服务业的两大核心要素——顾客与员工

 客户关系

(1) 会员制度，分为红海会员、银海会员、金海会员和黑海会员
(2) 通过专属人群、专属节日、专属时间段的优惠增强客户粘性

渠道通路

(1) 线下自营实体门店
(2) 线上电商销售

 客户细分

国内一二线城市的喜爱热闹的20岁—50岁中等收入人群

 成本结构

(1) 食材成本，占总成本的40%
(2) 租金成本，自身带有强大的客源流量，拥有对商场店铺租金的议价能力，所以租金成本占比低于同行，占比4%左右
(3) 人工成本，占比约29%

收入来源

门店经营、外卖业务、调味品及食材用品销售三大业务模块，占比分别为97%、2%、1%

图 5-2-4　海底捞的商业模式画布

【模块训练】

● **实践任务**

设计你的商业模式

根据创业团队的实际情况,在下图中完成你们团队商业模式画布的绘制。

项目名称:＿＿＿＿＿＿＿＿＿＿＿＿＿＿＿＿＿＿＿＿＿＿＿＿＿＿。

核心产品或服务:＿＿＿＿＿＿＿＿＿＿＿＿＿＿＿＿＿＿＿＿＿。

重要合作	关键业务	价值主张	客户关系	客户关系
	核心资源		渠道通路	
成本结构		收入来源		

● **思考探究**

(1) 成功的营销策略应具备哪些特征?

(2) 你还知道哪些"互联网+"背景下的商业模式?

(3) 商业模式是否等同于盈利模式?它们的区别在哪里?

【模块检测】

扫描下方二维码,测一测你对本模块知识的掌握程度。

模块检测五

115

【模块评估】

（1）请根据你的学习情况进行评价。

模块五　学习评估表

考评项目	考评内容	评分标准及要求	分值			得分
主题一：制定营销策略	学习态度（20分）	课前完成线上预习与相应的学习任务；能够积极思考，主动发现和提出问题；能够大胆表达自己的观点，积极参与互动	好（15~20分）	较好（10~14分）	一般（1~9分）	
	知识掌握情况（30分）	市场营销的概念及策略	掌握（8~10分）	熟悉（5~7分）	了解（1~4分）	
		如何将产品推向市场	掌握（16~20分）	熟悉（8~15分）	了解（1~7分）	
	学习效果（10分）	熟练掌握学习内容，顺利达成任务目标，完成模块检测	好（8~10分）	较好（6~7分）	一般（1~5分）	
主题一　得分						
主题二：设计商业模式	学习态度（20分）	课前完成线上预习与相应的学习任务；能够积极思考，主动发现和提出问题；能够大胆表达自己的观点，积极参与互动	好（15~20分）	较好（10~14分）	一般（1~9分）	
	知识掌握情况（30分）	商业模式的概念及内涵	掌握（6~7分）	熟悉（3~5分）	了解（1~2分）	
		常见的商业模式类型	掌握（7~8分）	熟悉（4~6分）	了解（1~3分）	
		商业画布的要素与设计	掌握（11~15分）	熟悉（6~10分）	了解（1~5分）	
	学习效果（10分）	熟练掌握学习内容，顺利达成任务目标，完成模块检测	好（8~10分）	较好（6~7分）	一般（1~5分）	
主题二　得分						
实践任务	任务完成情况（40分）	按照要求完成实践任务，分析准确、操作流程正确、方案设计合理、内容具有较好的操作性，并落地实践	好（32~40分）	较好（24~31分）	一般（10~23分）	
实践任务　得分						
总分 = 得分（主题一）× 50% + 得分（主题二）× 50% + 得分（实践任务）			模块五　总分			

评估人：＿＿＿＿＿＿＿＿　　时间：＿＿＿＿＿＿＿＿

116

（2）学习完本模块，你还有哪些收获？

_____

_____

_____

_____

融资金　控财务

【模块导读】

▶ 知识地图

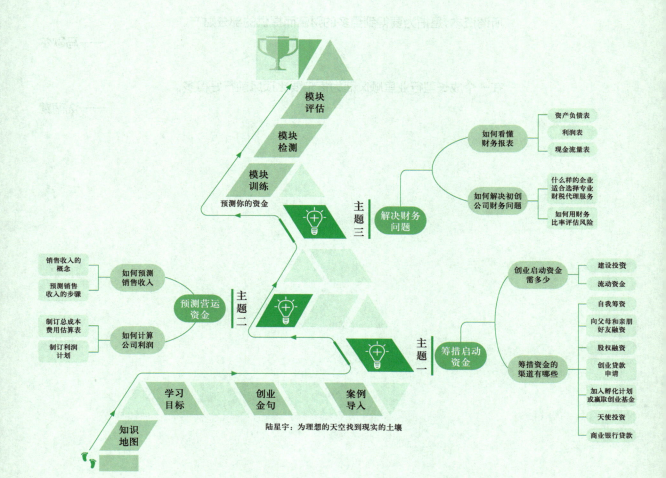

模块评估

模块检测

模块训练

预测你的资金

主题三　解决财务问题

如何看懂财务报表 — 资产负债表 / 利润表 / 现金流量表

如何解决初创公司财务问题 — 什么样的企业适合选择专业财税代理服务 / 如何用财务比率评估风险

销售收入的概念 / 预测销售收入的步骤 — 如何预测销售收入

制订总成本费用估算表 / 制订利润计划 — 如何计算公司利润

预测营运资金

主题二

主题一　筹措启动资金

创业启动资金需多少 — 建设投资 / 流动资金

筹措资金的渠道有哪些 — 自我筹资 / 向父母和亲朋好友融资 / 股权融资 / 创业贷款申请 / 加入孵化计划或赢取创业基金 / 天使投资 / 商业银行贷款

学习目标

创业金句

案例导入

知识地图

陆星宇：为理想的天空找到现实的土壤

▶ 学习目标

● 知识目标

(1) 了解创业启动资金及其来源

(2) 读懂财务分析的三张报表

● 能力目标

(1) 具备合理测算创业启动资金的能力

(2) 具备对项目进行初步财务分析并制订利润计划的能力

● 素养目标

(1) 掌握财务效益与成本估算的基本思路和内容

(2) 养成财务管理思维,为财务分析建立基础

▶ 创业金句

所谓资本,是指为要得到更多的财富而提供的部分财产。

——马歇尔

在一个成长型行业里顺风而为肯定要比顶风前行好得多。

——沈南鹏

▶ 案例导入

陆星宇：为理想的天空找到现实的土壤

癌症早筛技术和消化道肿瘤无创筛查的明星产品——早易安，仅需抽取一管血即可诊断早期食管癌、胃癌、结直肠癌、肝癌等癌症，灵敏度和特异性达 90% 以上。针对消化系统肿瘤早期防控，该产品弥补了常规体检的不足，既避免了内镜检查的痛苦，又能及时发现早期肿瘤，并且准确度高、无创、安全、便捷，为人们提供了更好的肿瘤早筛选择。

早易安背后的科研团队是一群风华正茂的年轻人，平均年龄不过 30 岁。2015 年，芝加哥大学毕业的陆星宇带着何川教授的全基因组 5hmC 高通量检测技术及专利开始创业，成立了上海易毕恩基因科技有限公司。公司以何川教授实验室的表观遗传核心技术为基础，专注于分子诊断产品的研发生产和服务，希望利用血液里的 DNA 密码信息，制作出癌症早期筛查产品，为"健康中国"尽一份力。

"治愈不可愈"也是陆星宇从小的梦想。2015 年，他们的创新技术已经到了可以临床转化的程度，而这时国内"双创"热潮也正在涌动。"有兴趣回到上海创业，将科研成果落地吗？"恰在此时，项目天使投资人找到陆星宇，他没有犹豫，放弃了参加博士毕业典礼，直接带着专利技术来到上海创业，由维亚生物创新中心投资孵化。把理想变为现实，需要敢试敢为的闯劲，也需要土壤。生物医药企业测试设备的价格动辄数百万，这对于初创企业来说无异于天文数字，但在张江药谷孵化器内，3 800 平方米的公共实验室随时向创业者敞开大门，这让陆星宇能够集中精力，迅速展开测试。公司于 2017 年获得"红杉中国"主导的 B 轮投资，2019 年在中国创新创业大赛生物医药行业总决赛被评为成长组优秀企业。

面向青年创业者，全国各地多重政策组合带来了全方位的支撑，要提升能力有"青创课"，降低成本有"青创园"，针对创业金融服务，还有"青创板"，越来越多的海归学子带着技术的火种回国创业。

● 案例解析

一般而言，一个公司从初创到成长再到稳定，需要经历多次的资金筹措，获得资金的渠道也有很多。例如，利用发明专利技术创新，吸引天使投资；借力创业孵化器，获得首批启动资金；登上国家级、省级的各类创新创业大赛平台，吸引政府提供的奖金和资金扶持；进入快速成长期，吸引风投机构进行投资融资。

主题一　筹措启动资金

正确核算创业所需要的资金有利于确定筹资数额、降低资金成本、充分发挥资金效用,掌握创业启动资金的类别是第一步。

一、创业启动资金需多少

开办企业必须有必要的投资和支付各种必要的费用,从前期的准备工作开始,到企业投入运营为止,所发生的全部投资费用与运营期所需的全部流动资金的总和,就是启动资金需求总额。启动资金项目构成如表6-1-1所示。

表 6-1-1　启动资金项目构成(中小企业)

投资分类		投资明细
建设投资	固定资产	房屋及建筑物、机器设备、运输设备、工具、器具等
	无形资产	专利权、商标权、土地使用权、非专利技术、商誉等
	其他资产	开办费、一次性预付的经营租赁款等
	预备费	难以预料的工程费用
流动资金		运营期内长期占用并周转使用的营运资金

(一) 建设投资

建设投资按照形成资产法分类,由形成固定资产的费用、形成无形资产的费用、形成其他资产的费用和预备费四部分组成。

1. 固定资产

固定资产是指使用年限超过一年,单位价值在国家规定的限额标准以上并在使用过程中保持原有物质形态的资产,包括房屋及建筑物、机器设备、运输设备、工具、器具等。

2. 无形资产

无形资产是指能长期使用且没有实物形态的资产,包括专利权、商标权、土地使用权、非专利技术、商誉等。

3. 其他资产

其他资产(递延资产)是指不能全部计入当期损益,应当在以后年度分期摊销的各项费用,包括开办费、以经营租赁方式租入的固定资产改良工程支出、一次性预付的经营租赁款等长期待摊费用。

4. 预备费

预备费是指在初步设计和核算中难以预料的工程费用,一般用于大的施工项目的预算。

(二) 流动资金

流动资金是指运营期内长期占用并周转使用的营运资金,不包括运营中需要的临时性营运资金。公司成立后,为保证企业正常生产经营的需要,必须有一定的流动资金维持周转,如购置企业日常生产经营所需的原材料、燃料、动力,支付的职工工资,以及被用于半成品、产成品上的资金。

二、筹措资金的渠道有哪些

组建一个创业团队,注册一家公司,需要考虑一个至关重要的问题——创业的第一桶金从哪里来? 正如古戏所唱:"一文钱买鸡蛋,蛋变鸡,鸡变蛋,能变个没完。"而大多数人就差那一文买蛋钱。问题的关键是到哪里去找资金,如何掌握筹措资金的渠道。

很多创业故事已经告诉我们,创业者能否募集到第一笔启动资金,就是对创业能力的一次评估,富裕的启动资金绝对会帮助我们在创业路上少走一些弯路。这里列举常见的七种资金筹措渠道。

(一) 自我筹资

自筹资金是一种自我承诺,可以鼓舞团队士气。一般来说,大学生创业初期所选择的项目及资金投入都不会太大,所以创业的第一桶金大部分是由几个股东共同出资。

(二) 向父母和亲朋好友融资

向父母和亲朋好友融资,应该是很多创业者采取的方法。这种方法的优势是成功概率高、投资和利息条件更优惠,而且能够更快地拿到钱;劣势是容易出现纠纷,父母和亲朋好友可能会干涉公司事务。

(三) 股权融资

共同参与的所有股东合伙募集启动资金。合伙创业可以减轻创业初期的资金压力,因为人多力量大,每个股东都筹措一部分,启动资金很快就能凑齐。这种方法的优势是容易共同前进,达成统一利益共识;劣势是会增加新的股东,可能会分散公司的控制权。

(四) 创业贷款申请

根据当地扶持创业政策进行申请,以获得当地政策与资金的扶持(可去银行办理)。这种方式的优势是创业贷款资金使用压力较小,有贴息、免息等政策;劣势是获得扶持的难度较大。

（五）加入孵化计划或赢取创业基金

每年都有大量的社会公益机构,针对创业者开展大赛、论坛等活动,经过评委评定,发放资金资助创业者。这种方法的优势是获得的扶持资金可享有免偿或免息政策;劣势是公益机构创业扶持评审周期长。

（六）天使投资

天使投资是自由投资者或非正式风险投资机构对处于构思状态的原创项目或小型初创企业进行的一次性的前期投资。天使投资的资金来源大多是民间资本,投资的门槛较低,有时即便是一个创业构思,只要有发展潜力,就能获得资金。

（七）商业银行贷款

商业银行贷款有个人生产经营贷款、个人创业贷款、个人助业贷款、个人小型设备贷款、个人周转性流动资金贷款、个人临时贷款等类型。目前各类银行都有针对中小企业的贷款政策,可供初创企业短期借贷使用。

主题二 预测营运资金

营运资金是指在企业生产经营活动中占用在流动资产上的资金,通常是新创企业从开业到盈亏平衡前,为保证正常运转所需的周转资金。创业者掌管企业,必须对未来收入、利润进行预测及核算,可以按照占营业收入或经营成本的比例,准备所需的营运资金。这个比例可以根据经验或现有同类行业的参考值确定。

一、如何预测销售收入

(一)销售收入的概念

销售收入是企业通过产品销售或提供劳务所获得的货币收入,以及形成的应收销货款。按销售的类型,销售收入包括产品销售收入和其他销售收入两部分,其中产品销售收入是主要组成部分。它是企业实现财务成果的基础,也是反映企业生产经营活动状况的重要财务指标。销售收入的基础数据,包括产品或服务的数量和价格。在实际中,企业财务报表数字通常统一采用不含增值税的价格。

(二)预测销售收入的步骤

通常,我们可以借助以下四个步骤来预测销售收入。

(1)列出企业推出的所有产品或产品系列或所有服务项目。

(2)根据市场调查,预测开业后的每个月(至少6个月)期望销售的每项产品或服务数量。

(3)为计划销售的每项产品或服务制定销售价格。

(4)用销售价格乘以月销售量来计算每项产品或服务的月销售收入。

销售收入预测表如表6-2-1所示。

表6-2-1　销售收入预测表　　　　　　　　单位:万元

产品类别		1月	2月	3月	4月	5月	6月	7月	8月	9月	10月	11月	12月	合计
产品一	销售数量													
	交易单价													
	含增值税销售收入													

创业秘钥

>> 有效的销售数量和销售收入的预测难度很大。很多创业者都会过高估计自己的销售量,所以在预测销售量和销售收入时不要过于乐观,要贴合实际,充分调研,考虑消费者的购买特征、地域和季节等因素。

续表

	产品类别	1月	2月	3月	4月	5月	6月	7月	8月	9月	10月	11月	12月	合计
产品二	销售数量													
	交易单价													
	含增值税销售收入													
……	销售数量													
	交易单价													
	含增值税销售收入													
合计														

二、如何计算公司利润

(一) 制订总成本费用估算表

要掌握企业实际运转情况,仅仅知道销售收入是不够的,还必须核算企业的利润。只有这样才能准确地知道企业是否盈利。利润可以通过销售收入减去总成本费用计算。

总成本费用是指项目在一定时期内(一般为一年)为生产和销售产品而花费的全部成本费用。成本费用的构成较为复杂,为了全面认识其性质和特点,便于对成本费用进行预测和管理,可按一定标准进行科学分类。

1. 按费用的经济性质划分(表6-2-2)

表6-2-2　总成本费用估算表(按费用的经济性质划分)　　单位:万元

序号	项目	1月	2月	3月	4月	5月	6月	7月	8月	9月	10月	11月	12月	合计
1	原材料													
1.1	原材料 A													
1.2	原材料 B													
1.3	原材料 C													
1.4	……													
2	燃料动力费													
2.1	水													
2.2	电													
2.3	……													
3	工资及福利													
4	社会保险费													
5	修理费													
6	办公费													
7	广告费													
8	折旧费													

续表

序号	项目	1月	2月	3月	4月	5月	6月	7月	8月	9月	10月	11月	12月	合计
9	摊销费													
10	其他													
11	总成本费用合计													
11.1	其中：可变成本													
11.2	固定成本													

将费用的经济性质作为分类标准，把经济性质相同的费用归为一类。可分为外购原材料、外购燃料和动力、职工工资及福利、社会保险费、修理费、折旧费、摊销费、利息支出、其他支出 [①] 等。

2. 按费用的经济用途划分（表 6-2-3）

表 6-2-3　总成本费用估算表（按费用的经济用途划分）　　单位：万元

序号	项目	1月	2月	3月	4月	5月	6月	7月	8月	9月	10月	11月	12月	合计
1	生产成本													
1.1	直接材料													
1.2	直接燃料和动力													
1.3	直接人工													
1.4	制造费用													
2	销售费用													
3	管理费用													
4	财务费用													
5	总成本费用合计													

将费用的经济用途作为分类标准，把经济用途相同的费用归为一类。可分为计入产品成本的生产费用和不计入产品成本的期间费用。

生产费用包括直接材料、直接工资和制造费用。直接材料是指在生产中用来构成产品实体的原材料以及有助于产品形成的主要材料和辅助材料，包括原材料、辅助材料、燃料动力、备品配件、外购半成品、包装物、低值易耗品等费用；直接工资是指直接从事产品生产人员的工资、社会保险费等；制造费用是为生产产品和提供劳务而发生的各项间接费用。

期间费用包括销售费用、管理费用和财务费用。销售费用是指企业销售商品和材料、提供服务的过程中发生的各种费用，包括广告费、展览费、商品维修费、运输费以及销售部门的职工工资、差旅费、业务招待费、资产折旧费等；管理费用是指企业行政管理部门为组织和管理生产经营活动所发生的各种费用，包括企业

---

① 其他支出包括办公费、差旅费、运输费、包装费、广告费、业务招待费、展览费、咨询费等。

在筹建期间发生的开办费、办公费、咨询费以及行政管理部门的职工工资、差旅费、业务招待费、资产折旧费等；财务费用则指企业为筹集生产经营所需资金所发生的筹资费用，包括利息支出及金融机构手续费等。

3. 按与产量的关系划分

将产品产量作为划分费用的标准，可以分为固定成本和可变成本。

固定成本是指在特定的业务量范围内不受业务量变动影响，一定时期的总额能保持相对稳定的成本。例如，固定月工资、固定资产折旧费、取暖费、财产保险费、职工培训费、科研开发费、广告费等。

可变成本是指在特定的业务量范围内，其总额会随业务量变动而成正比例变动的成本。例如，直接材料、直接人工、外部加工费、销售佣金等。

这类成本直接受产量的影响，两者保持正比例关系，比例系数稳定。这个比例系数就是单位数量产品的可变成本。

（二）制订利润计划

企业净利润是指企业在一定时期内生产经营活动的最终成果，即企业实现的盈亏总额，是衡量一个企业经营效益的主要指标。企业净利润用公式可表示为

企业净利润 = 企业利润总额 − 企业所得税

企业利润总额 = 产品销售收入 − 总成本费用 + 其他收入 − 税金及附加 − 增值税

其他收入是指企业除产品销售以外所获得的各项收入或利润，在缺乏可靠依据的情况下难以估算，因此可不考虑其影响。

税金及附加是指企业经营活动应负担的相关税费，主要有城市维护建设税、教育费附加、地方教育附加等。城市维护建设税用于保证城市公用事业和公共设施的维护和建设；教育费附加和地方教育附加用于发展我国教学设施、办学条件和加快地方教育事业。它们本身没有特定的课税对象，以纳税人实际缴纳的增值税、消费税的税额之和为计税依据，本教材不考虑消费税。其计算公式为

城市维护建设税 = 实际缴纳的增值税 × 适用税率（市区 7%、县镇 5%、其他 1%）

教育费附加 = 实际缴纳的增值税 × 适用税率 3%

地方教育附加 = 实际缴纳的增值税 × 适用税率 2%

增值税是以商品生产和劳务服务在流转过程中产生的增值额作为征税对象而征收的一种流转税。在实际经济生活中，我国增值税纳税人众多，会计核算水平参差不齐，大量的小企业和个人还不具备使用专用发票抵扣税款的条件，为了简化增值税的计算和征收，减少税收征管漏洞，税法将增值税纳税人按会计核算水平和经营规模分为一般纳税人和小规模纳税人，分别采取不同的管理办法。

增值税小规模纳税人标准为年应征增值税销售额 500 万元及以下。年应税销售额，是指纳税人在连续不超过 12 个月或四个季度的经营期内累计应征增值税销售额，包括纳税申报销售额、稽查查补销售额、纳税评估调整销售额。

小规模纳税人会计核算健全、能够提供准确税务资料的,可以向税务机关申请登记为一般纳税人,不再作为小规模纳税人。会计核算健全,是指能够按照国家统一的会计制度规定设置账簿,根据合法、有效凭证进行核算。其计算公式为

$$小规模纳税人增值税税额 = 财务报表营业收入 × 基本征收率3\%$$

$$财务报表营业收入 = 含增值税销售收入 ÷ (1 + 基本征收率3\%)$$

$$= 含增值税销售收入 - 增值税税额$$

一般纳税人,是指年应税销售额超过财政部、国家税务总局规定的小规模纳税人标准的企业和企业性单位。其计算机公式为

$$一般纳税人增值税税额 = 当期销项税额 - 当期进项税额$$

企业所得税是对企业生产经营所得和其他所得征收的一种税。我国现行的企业所得税基本税率为25%,应纳税所得额为企业每一纳税年度的收入总额减去准予扣除项目后的余额。我们在估算企业所得税时,一般不考虑税收调整项目。企业所得税的计算公式为

$$企业所得税(所得税费用) = 应纳税所得额 × 基本税率25\%$$

$$应纳税所得额 = 利润总额 ± 税收调整项目$$

对以上营业收入、增值税及附加税金进行估算,并结合其他估算结果可编制估算表,见表6-2-4和表6-2-5。

表6-2-4 营业收入、营业税金及附加和增值税估算表 – 小规模

单位:万元

序号	项目	1月	2月	3月	4月	5月	6月	7月	8月	9月	10月	11月	12月	合计
1	含增值税销售收入													
2	增值税(3%)													
3	营业收入													
4	税金及附加													
4.1	城市维护建设税(7%)													
4.2	教育费附加(3%)													
4.3	地方教育附加(2%)													

表6-2-5 利润估算表

单位:万元

序号	项目	1月	2月	3月	4月	5月	6月	7月	8月	9月	10月	11月	12月	合计
1	营业收入													
2	税金及附加													
3	总成本费用													
4	利润总额													

续表

序号	项目	1月	2月	3月	4月	5月	6月	7月	8月	9月	10月	11月	12月	合计
5	税收调整项目													
6	应纳税所得额													
7	所得税(25%)													
8	净利润													

主题三　解决财务问题

企业在经营期间要按要求完成记账报税等工作,这些关乎企业的财务安全和经营发展。所以,企业创业者必须高度重视财务工作。

一、如何看懂财务报表

财务报表,又称财务会计报表,一套完整的财务报表至少应当包括"四表一注",即资产负债表、利润表、现金流量表、所有者权益变动表和附注,并且这些组成部分均具有同等的重要程度。

考虑到小企业规模较小,外部信息需求相对较低,因此,小企业编制的报表应当包括资产负债表和利润表,可以根据需要编制现金流量表等。

(一)资产负债表

资产负债表是反映企业在某一特定日期的财务状况的会计报表(表6-3-1)。企业编制资产负债表的目的是如实反映企业的资产、负债和所有者权益金额及其结构情况,从而有助于使用者评价企业资产的质量以及短期偿债能力、长期偿债能力和利润分配能力等。

企业要进行经济活动,就必须拥有一定数量和质量的能给企业带来经济利益的经济资源,即资产。企业的资产最初由两部分组成:一是由企业所有者投入;二是由企业向债权人借入。所有者和债权人将其拥有的资产提供给企业使用,就相应地对企业的资产享有要求权。前者称为所有者权益,后者则称为债权人权益,即负债。

资产表明企业拥有什么经济资源和拥有多少经济资源,负债和所有者权益表明经济资源的来源渠道,即谁提供了这些经济资源。因此,资产、负债和所有者权益三者之间在数量上存在下列关系,用公式表示为

$$资产 = 负债 + 所有者权益$$

这一等式反映了企业在某一特定时刻,资产、负债和所有者权益三者之间的平衡关系,因此,该等式被称为财务状况等式、基本会计等式或静态会计等式,它是编制资产负债表的基础和依据。

表 6-3-1　资产负债表

编制单位：　　　　　　　　　　　　　年　　月　　日　　　　　　　　　　单位：万元

资产	行次	期末余额	年初余额	负债和所有者权益	行次	期末余额	年初余额
流动资产：				流动负债：			
货币资金	1			短期借款	31		
短期投资	2			应付票据	32		
应收票据	3			应付账款	33		
应收账款	4			预收款项	34		
预付款项	5			应付职工薪酬	35		
应收股利	6			应交税费	36		
应收利息	7			应付利息	37		
其他应收款	8			应付利润	38		
存货	9			其他应付款	39		
其中：原材料	10			其他流动负债	40		
在售产品	11			流动负债合计	41		
库存商品	12			非流动负债：			
周转材料	13			长期借款	42		
其他流动资产	14			长期应付款	43		
流动资产合计	15			递延收益	44		
非流动资产：				其他非流动负债	45		
长期债券投资	16			非流动负债合计	46		
长期股权投资	17			负债合计	47		
固定资产原价	18						
减：累计折旧	19						
固定资产账面价值	20						
在建工程	21						
工程物资	22						
固定资产清理	23						
生产性生物资产	24			所有者权益			
无形资产	25			实收资本（或股本）	48		
开发支出	26			资本公积	49		
长期待摊费用	27			盈余公积	50		
其他非流动资产	28			未分配利润	51		
非流动资产合计	29			所有者权益合计	52		
资产总计	30			负债和所有者权益总计	53		

（二）利润表

利润表（表 6-3-2）是反映企业在一定会计期间的经营成果的财务报表。企业编制利润表的目的是如实反映企业实现的收入、发生的费用、应当计入当期利润的盈利和损失以及其他综合收益等金额及其结构情况,从而有助于使用者分析并评价企业的盈利能力及其构成与质量。

表 6-3-2　利　润　表

编制单位：　　　　　　　　　　　　年　　月　　　　　　　　　　单位：万元

项目	行次	本年累计金额	上年金额
一、营业收入	1		
减：营业成本	2		
税金及附加	3		
其中：消费税	4		
营业税	5		
城市维护建设税	6		
资源税	7		
土地增值税	8		
城镇土地使用税、房产税、车船税、印花税	9		
教育费附加、矿产资源补偿费、排污费	10		
销售费用	11		
其中：商品维修费	12		
广告费和业务宣传费	13		
管理费用	14		
其中：开办费	15		
业务招待费	16		
研究费用	17		
财务费用	18		
其中：利息费用(收入以"-"号填列)	19		
加：投资收益	20		
二、营业利润(亏损以"-"号填列)	21		
加：营业外收入	22		
其中：政府补助	23		
减：营业外支出	24		
其中：坏账损失	25		
无法收回的长期债券投资损失	26		
无法收回的长期股权投资损失	27		
自然灾害等不可抗力因素造成的损失	28		
税收滞纳金	29		
三、利润总额(亏损总额以"-"号填列)	30		
减：所得税费用	31		
四、净利润(净亏损以"-"号填列)	32		

（三）现金流量表

现金流量表（表 6-3-3）是企业在一定会计期间的现金和现金等价物流入与流出的会计报表。企业编制现金流量表的目的是如实反映企业各项活动的现金流入与流出情况，从而有助于使用者评价企业的现金流和资金周转情况。

表 6-3-3 现金流量表

编制单位：　　　　　　　　　　　年　　月　　　　　　　　　　单位：万元

项目	本月金额	本年累计金额
一、经营活动产生的现金流量：		
销售产品、商品、提供劳务收到的现金		
收到其他与经营活动有关的现金		
购买原材料、商品、接受劳务支付的现金		
支付的职工薪酬		
支付的税费		
支付其他与经营活动有关的现金		
经营活动产生的现金流量净额		
二、投资活动产生的现金流量：		
收回短期投资、长期债券投资和长期股权投资收到的现金		
取得投资收益收到的现金		
处置固定资产、无形资产和其他非流动资产收回的现金净额		
短期投资、长期债券投资和长期股权投资支付的现金		
购建固定资产、无形资产和其他非流动资产支付的现金		
投资活动产生的现金流量净额		
三、筹资活动产生的现金流量：		
取得借款收到的现金		
吸收投资者投资收到的现金		
偿还借款本金支付的现金		
偿还借款利息支付的现金		
分配利润支付的现金		
筹资活动产生的现金流量净额		
四、现金净增加额		
加：期初现金余额		
五、期末现金余额		

二、如何解决初创公司财务问题

（一）什么样的企业适合选择专业财税代理服务

代理记账是指将本企业的会计核算、记账、报税等一系列的工作全部委托给专业记账机构完成,本企业只设立出纳人员,负责日常财务收支和财产保管等工作。

一般来说,企业规模的大小、经济业务和财务收支的繁简程度、经营管理的财务要求等,是决定企业是否需要配备专职会计人员的主要因素。

从实际情况以及市场需求来看,适合财税代理的企业,一般是中小型企业,以及应当建账的个体工商户。企业选择的财税代理机构应当满足中华人民共和国财政部令第80号——《代理记账管理办法》要求的设立条件。

(二)如何用财务比率评估风险

财务报表中的大量数据,可以用来计算与企业有关的财务比率,反映企业偿债能力、营运能力和盈利能力,有助于使用者综合评价企业财务状况和经营成果。

1. 资产负债率

资产负债率是总负债与总资产的百分比,反映总资产有多大比例是通过负债取得的。它可用于衡量企业清算时对债权人利益的保障程度。资产负债率越低,企业偿债越有保证。资产负债率还代表企业的举债能力。一个企业的资产负债率越低,举债越容易。如果资产负债率高到一定程度,财务风险会很高,就无人愿意提供贷款。这表明企业的举债能力已经用尽。其计算公式为

$$资产负债率 = 总负债 \div 总资产 \times 100\%$$

2. 应收账款周转天数

应收账款周转天数也称为应收账款的收现期,是指从销售开始到收回现金所需要的平均天数。如果企业应收账款日益增加,而现金日益减少,则可能是赊销产生了比较严重的问题。其计算公式为

$$应收账款周转天数 = 365 \div 应收账款周转率 =$$
$$365 \div \{赊销收入净额 \div [(期初应收账款 + 期末应收账款) \div 2]\}$$

3. 存货周转天数

存货周转天数是指存货周转一次需要的时间,也就是存货转换成现金平均需要的时间。存货周转天数不是越少越好,存货过多会浪费资金,存货过少则不能满足流转需要。在特定的生产经营条件下,存在一个最佳的存货水平。其计算公式为

$$存货周转天数 = 365 \div 存货周转天数 =$$
$$365 \div \{销售收入 \div [(期初存货 + 期末存货) \div 2]\}$$

4. 营业净利率

营业净利率是净利润与营业收入的比率,它概括了企业的全部经营成果。该比率越大,企业的盈利能力越强。其计算公式为

$$营业净利率 = (净利润 \div 营业收入) \times 100\%$$

【模块训练】

● **实践任务**

预测你的资金

请各创业团队结合产品特征和营销计划,预测项目的启动资金、销售收入和成本费用,并完成以下内容的填写。

1. 启动资金

项目名称:＿＿＿＿＿＿＿＿＿＿＿

团队成员:＿＿＿＿＿＿＿＿＿＿＿

	事项	明细	金额		筹措方式	金额
需求				来源		
	总金额				总金额	

2. 销售收入

项目名称:＿＿＿＿＿＿＿＿＿＿＿

团队成员:＿＿＿＿＿＿＿＿＿＿＿

产品类别		1月	2月	3月	4月	5月	6月	……	合计
产品一	销售数量								
	零售价								
	销售收入								
产品二	销售数量								
	零售价								
	销售收入								
……	……								
合计									

3. 成本费用

项目名称:＿＿＿＿＿＿＿＿＿＿＿

团队成员:＿＿＿＿＿＿＿＿＿＿＿

序号	项目	1月	2月	3月	4月	5月	6月	……	合计
1	原材料								
2	人员工资								
3	租金								
4	水电费								
5	宽带费								
6	促销费								
7	包装费								
8	其他费用								
9	折旧和摊销								
10	总成本								
	预测盈亏平衡点								

● 思考探究

(1) 测算创业启动资金时,需要注意哪些事项?

(2) 你计划从哪些渠道获得创业资金?

(3) 如何计算企业所得税?

【模块检测】

扫描下方二维码,测一测你对本模块知识的掌握程度。

模块检测六

【模块评估】

(1) 请根据你的学习情况进行评价。

模块六　学习评估表

考评项目	考评内容	评分标准及要求	分值			得分
主题一:筹措启动资金	学习态度(20分)	课前完成线上预习与相应的学习任务;能够积极思考,主动发现和提出问题;能够大胆表达自己的观点,积极参与互动	好(15~20分)	较好(10~14分)	一般(1~9分)	

137

续表

考评项目	考评内容	评分标准及要求	分值			得分
主题一：筹措启动资金	知识掌握情况（30分）	启动资金的种类	掌握（11~15分）	熟悉（6~10分）	了解（1~5分）	
		筹措资金的渠道	掌握（11~15分）	熟悉（6~10分）	了解（1~5分）	
	学习效果（10分）	熟练掌握学习内容，顺利达成任务目标，完成模块检测	好（8~10分）	较好（6~7分）	一般（1~5分）	
主题一　得分						
主题二：预测运营资金	学习态度（20分）	课前完成线上预习与相应的学习任务；能够积极思考，主动发现和提出问题；能够大胆表达自己的观点，积极参与互动	好（15~20分）	较好（10~14分）	一般（1~9分）	
	知识掌握情况（30分）	销售收入的预测	掌握（11~15分）	熟悉（6~10分）	了解（1~5分）	
		利润计划的制订	掌握（11~15分）	熟悉（6~10分）	了解（1~5分）	
	学习效果（10分）	熟练掌握学习内容，顺利达成任务目标，完成模块检测	好（8~10分）	较好（6~7分）	一般（1~5分）	
主题二　得分						
主题三：解决财务问题	学习态度（20分）	课前完成线上预习与相应的学习任务；能够积极思考，主动发现和提出问题；能够大胆表达自己的观点，积极参与互动	好（15~20分）	较好（10~14分）	一般（1~9分）	
	知识掌握情况（30分）	掌握三大财务报表	掌握（8~10分）	熟悉（5~7分）	了解（1~4分）	
		解决初创公司财务问题	掌握（16~20分）	熟悉（8~15分）	了解（1~7分）	
	学习效果（10分）	熟练掌握学习内容，顺利达成任务目标，完成模块检测	好（8~10分）	较好（6~7分）	一般（1~5分）	
主题三　得分						
实践任务	任务完成情况（40分）	按照要求完成实践任务，分析准确、操作流程正确、方案设计合理、内容具有较好的操作性，并落地实践	好（32~40分）	较好（24~31分）	一般（10~23分）	
实践任务　得分						
总分 = 得分（主题一）×30% + 得分（主题二）×30% + 得分（主题三）×40% + 得分（实践任务）			模块六　总分			

评估人：_____　　时间：_____

(2) 学习完本模块，你还有哪些收获？

_____

_____

_____

_____

研计划　赛风采

【模块导读】

▶ 知识地图

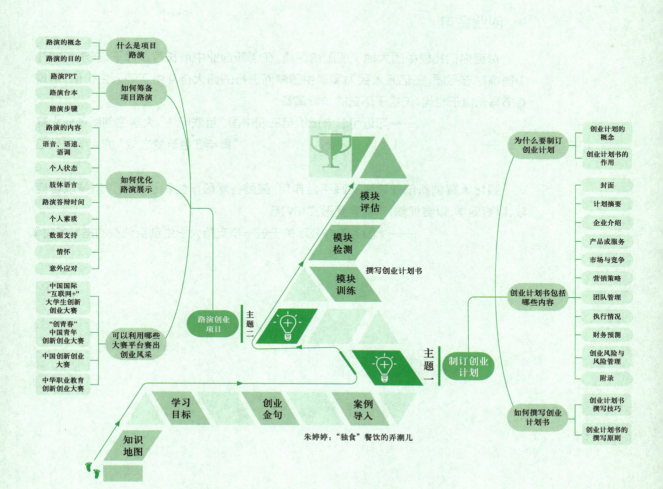

▶ 学习目标

● 知识目标

(1) 理解创业计划书的框架结构

(2) 掌握创业计划书的撰写技巧及原则

(3) 了解路演的内容及注意事项

● 能力目标

(1) 具备独立撰写一份逻辑完整的创业计划书的能力

(2) 具备合格的路演素质

● 素养目标

(1) 培养逻辑串联能力

(2) 培养演讲能力

▶ 创业金句

希望你们扎根中国大地了解国情民情,在创新创业中增长智慧才干,在艰苦奋斗中锤炼意志品质,在亿万人民为实现中国梦而进行的伟大奋斗中实现人生价值,用青春书写无愧于时代、无愧于历史的华彩篇章。

——习近平总书记给第三届中国"互联网 +"大学生创新创业大赛
"青年红色筑梦之旅"的大学生回信

强化大赛创新创业教育实践平台作用,鼓励各学段学生积极参赛。坚持以赛促教、以赛促学、以赛促创,丰富竞赛形式和内容。

——《国务院办公厅关于进一步支持大学生创新创业的指导意见》

▶ 案例导入

朱婷婷："独食"餐饮的弄潮儿

一念创新,激活"创业基因"

2014年,温州女孩朱婷婷承载着家人的希望入读襄阳职业技术学院。她大一第二学期就参加了学校创业计划大赛并获得二等奖,这激发了她的创业梦想和激情,创新的脚步从此不再停歇。她组建"育婴树"项目团队并参加2016年"中国创翼"创新创业大赛获得银翼奖,2017年参加第三届"互联网+"创新创业大赛获得铜奖。这些成绩激活了她作为温州人特有的"创业基因",给予她源源不断的创业动力。

一心创业,扬起"品牌"风帆

毕业后,朱婷婷回到家乡温州继续她的创业梦想。"饮食者,人之命脉",她决心调研饮食市场,于是她进入了一家餐饮公司担任总经理助理,入职仅半个月,她就凭借策划出轰动整个温州的"七夕龙虾花束活动"升任为企划总监。2017年下半年,朱婷婷加入浙江博多集团创始人计划,自主经营"西点艾克炸鸡汉堡"和"良弥一味独食火锅"两个品牌。"独食火锅"开业即火爆,开业首日仅17个餐位的55平方米的小店营业额破万,抖音粉丝半月增长2.4万人。

一展英姿,亮出"独食"锋芒

时有所需,必有作为。朱婷婷认为,在创新中创业,只有着力解决社会痛点的创业才能在市场中有竞争力。"独食火锅"的火爆引导她进一步深入调研市场,她将目标锁定在超过两亿的单身群体上,坚信这是一个巨大的潜在市场,她希望为这群人打造一个独享空间,从空间、服务到菜品,处处营造出一种优越轻松的独处感,在她这里"独食"的孤独感,变成优越感、趣味感,让一个人的饭既好吃又有趣。基于这样的判断,她加强了团队的研发能力,提高并统一了团队形象,通过严格的标准作业指导、完善的供应链体系和特色的商业模式吸引加盟商,勇做"独食"餐饮的领航者。2020年,该项目荣获第八届中国国际"互联网+"大学生创新创业大赛金奖。

● 案例解析

朱婷婷牢牢把握住各种机会,借势校内创业平台和创新创业大赛,漂亮地完成了创业的战斗,迎来了创业经营的新时代,不仅为自己带来了利益,也展现出了中国大学生的时代风采。

主题一 制订创业计划

创业者确定了创业目标与创业动机,同时在资金、人脉、市场等各方面的条件都已准备妥当或已经累积了相当实力之后,就必须以书面的形式制订一份详细的创业计划,作为创业过程中的行动指南。

一、为什么要制订创业计划

(一)创业计划的概念

创业计划是对创业团队从项目筹备到公司成立全过程、全方位的详细计划,创业计划书则是创业计划的书面呈现,是风险投资的敲门砖。好的创业计划书不仅能够帮助创业者吸引优秀人才,获得投资者和合作伙伴的支持,还会在经营中达到事半功倍的效果。

(二)创业计划书的作用

一份标准的创业计划书至少有以下三个方面的作用。

(1)帮助创业者理清思路,做出正确的决策。

(2)帮助创业者凝聚人心,获得支持。

(3)帮助创业者对外宣传,获得融资。

二、创业计划书包括哪些内容

(一)封面

封面的设计要给人美感。一个好的封面会使阅读者产生最初的好感,形成良好的第一印象。同时创业计划书的封面也需写明项目名称、团队名称、联系方式等内容,如果企业已经设计好了企业标志(Logo),也可以在封面中展示出来。

封面的设计要紧扣项目内容,设计元素要契合项目主题,不可随意选择一张照片放上去。例如,项目的主题是种植香菇,那么在封面设计上需要放上与香菇相关的真实实景图片,同时注意避免照片侵权的事件发生。

(二)计划摘要

为了吸引战略伙伴与风险投资人的注意,要将创业计划的核心提炼出来,列在创业计划的最前面,这就是计划摘要,是整个创业计划的精华。计划摘要涵盖了创业计划的要点,应简明扼要、条理清晰地阐明创业的基本思路、目标及优势。计划摘要一般限于两页纸的篇幅。在计划摘要中,创业者一般要突出以下主要内容。

1. 企业简介

包括企业的名称、联系方法和重要联系人,简要介绍企业的类型、法律形式、业务范畴、经营目标以及企业理念。

2. 产品 / 服务

该项目产品或服务的开发情况、产品或服务的特点等。

3. 目标市场

应列出将要进入的目标市场及选择这一目标市场的原因、市场发展趋势,同时还要提供市场调查和研究分析的结果。

4. 营销策略

说明如何进入目标市场,主要的营销策略是什么。

5. 竞争优势

描述有关市场的竞争状况,分析企业能够在竞争中成功的原因,阐明企业产品或服务的优势。

6. 管理团队

说明管理团队的背景和能力,特别是企业创始人和主要决策人的情况。

7. 财务计划

财务计划包括未来 3 年的预期销售额和利润,项目所需资金的总额、来源、筹资方式、资金运用计划及投资者的回报等。

8. 发展目标

主要介绍企业未来 5 年的发展计划。

(三) 企业介绍

在介绍企业时,首先要说明创办新企业的思路、创意的形成和发展过程以及企业的目标和发展战略。其次要客观描述企业现状、背景和企业的经营范围,应突出经验和优势,同时不应回避失误,而是要中肯地分析并说明补救措施,这往往更能赢得投资者的信任。

如果创业者刚刚进入社会初次创业,应重点介绍自己的成长背景和求学经历,并突出自己的性格、兴趣爱好和特长,表明自己的生活追求和强烈的进取精神,阐述为什么要独立创业以及自己的创意是如何产生的,使战略伙伴或投资人对创业者有一定的了解,从而为今后的合作打下基础。

(四) 产品或服务

列举企业当前所提供的产品或服务类型,以及将来的产品或服务计划,陈述产品或服务的独到之处。产品介绍通常应包括以下内容:产品(服务)的基本情况、产品(服务)的市场竞争力、产品(服务)的研究和开发过程、发展新产品(服务)的

创业秘钥

>> 摘要是正文的思维逻辑框架,是对计划书的总述概括,需要将投资者最关注的资金细节在此简述,包括公司的基本情况、公司的经营战略等。只有将这些描述清楚才能吸引投资者的注意。

计划和成本分析、产品(服务)的市场前景预测、产品(服务)的品牌和专利。产品(服务)介绍,既要详细准确,也要通俗易懂。通常还要附上产品原型、照片及其他介绍。

(五) 市场与竞争

编制营销战略前要进行有效的市场分析。市场分析包括行业竞争情况分析和自身竞争实力分析,即市场规模和趋势、企业地址、市场营销组合和预算等。

对提出的产品或服务,应确认是否存在真正的市场。创业者需要描述目标市场和市场特征:谁买? 哪里买? 多少人买? 为什么买? 什么时候买? 如何满足需求? 和竞争对手不同的地方是什么? 一个成功的创业者需要具备这样的能力——吸引那些有购买意愿而且确实有消费能力的客户前来购买产品和服务。创业者所犯的最严重的营销错误就是不确定目标市场定位,试图将其产品卖给所有人。

为了给投资者展示客户对产品或服务的兴趣,需要提供测试市场的方案并取得书面评估证明。创业者必须用市场研究得到的事实和数据来支持所提出的对市场规模和增长率等的判断。

在创业计划中,创业者应细致分析竞争对手的情况。主要竞争对手的市场份额、产品或服务、战略、优势和劣势及企业形象等信息和数据应在这部分进行分析和描述。应明确与竞争对手相比,在对客户有价值的产品或服务及企业模式等方面,哪些是企业的竞争优势所在。创业者应该把企业战略的重点放在客户的需求上而不是竞争对手上。

(六) 营销策略

营销是企业经营中最富挑战性的环节,影响营销策略的主要因素有消费者的特点、产品的特性、企业自身的状况、市场环境方面的因素、营销成本和效益因素。营销策略应包括以下内容:市场机构和营销渠道的选择、营销队伍和管理、促销计划和广告策略以及价格决策。

对于新创企业来说,由于产品和企业的知名度低,很难进入其他企业已经稳定驻足的销售市场中去。因此,企业不得不暂时采取高成本、低效益的营销战略,如上门推销、大力发行商品广告、向批发商和零售商让利,或交给任何愿意经销的企业销售。

(七) 团队管理

一个企业成功与否最终将取决于该企业是否拥有一个高效、团结的管理队伍,一个企业必须具备负责产品设计与开发、市场营销、生产作业管理、企业理财等方面的专门人才。企业管理的好坏,直接决定了企业经营风险的大小。而高素质的管理人员和良好的组织结构则是管理好企业的重要保证。

在创业计划中,必须阐明企业的管理结构及主要管理人员的相关情况,重点展示管理团队的凝聚力和战斗力,使战略伙伴或风险投资人了解企业的管理团队是由一批具有丰富管理经验和较高职业道德的人组成的。优秀的管理团队将确保企业紧紧抓住好的商业机会,以有效的方式实现企业的经营目标。

1. 管理机构

创业者首先要全面介绍企业管理团队的主要情况,包括公司的主要股东及他们的股权结构,董事和其他高级职员、关键雇员以及公司管理人员的职权分配和薪金情况。然后,将管理机构、股东情况、董事情况、各部门的构成情况等以一览表的形式清晰地展示出来。

2. 关键管理人员

详细介绍公司的关键管理人员,包括他们的职务、工作经历和经营业绩、受教育程度等,特别是有关专业知识、技能和成就,描述管理团队中每个关键人员的确切职责。

3. 激励和约束机制

企业准备设立哪些机构,各机构配备多少人员,人员年收入情况;是否考虑员工持股问题,如果考虑,就需要说明股票期权实施办法和红利分配原则;企业如何加强对员工的持久激励;阐明企业的内部约束机制和外部约束机制。

(八) 执行情况

创业者要把当前企业的发展情况、效益等清晰地展示在计划书里,这不仅可以让创业者梳理清楚目前的发展状态,也可以让投资者一目了然,增强印象。

执行情况一般包括企业目前的生产经营状况、产生的经济收益、带动的社会效益等方面。需要知道的是,企业的生产经营状况和企业的规模直接相关,企业每一时期的规模状态也决定了其所能带来的经济效益、社会效益。

1. 生产经营状况

企业的生产经营状况,可以从现阶段的生产或服务规模大小、人员数量、订单数量、合作的资源情况等方面入手,来展示现阶段的经营状况。

2. 经济效益

经济效益指公司目前的盈利能力,对区域经济发展、产业转型升级所带来的效益。在计划中可以对营业收入、成本、利润等财务数据进行展示。

3. 社会效益

社会效益指目前公司带动的直接就业人员、间接就业人员的数量,以及对社会文明、生态文明、民生福祉等方面产生的效益。

(九) 财务预测

创业者需要提供未来 1~3 年的企业经营财务预算报表(包括利润表、资产负债表、现金流量表)。这些基本的财务预算报表对于创业者来说是十分重要的,而财务预算的制定有助于财务报表的准备。创业者应该制定几个关键预算,包括经营预算、现金流量预算和资本预算。

制定经营预算一般先要进行销售预测,然后评估经营费用。现金流量预算提供了特定时期的现金流入和流出的总体情况。财务预算报表用来规划企业未来特定时期内的财务状况(如预算损益表)或未来某一时间的经营状况信息(如预算资产负债表),经营预算和现金流量预算经常被用来制定这些财务预算报表;而资本预算是用来帮助创业者做投资决策用的。

一份好的财务规划对评估风险企业所需的资金数量、提高风险企业取得资金的可能性是十分关键的。如果财务规划准备得不好,不仅会给投资者留下企业管理人员缺乏经验的印象,降低企业的评估价值,同时也会增加企业的经营风险。

(十) 创业风险与风险管理

(1) 企业在市场、竞争和技术方面都有哪些基本的风险?

(2) 创业者准备怎样应对这些风险?

(3) 企业还有一些什么样的附加机会?

(4) 在已有资本基础上如何进行扩展?

(5) 在最好和最坏情形下,企业的五年计划执行如何?

如果创业者无法准确估计上述风险,应该估计出误差范围有多大。如果可能的话,要对关键性参数作最好和最坏的设定。

(十一) 附录

这部分包括与创业计划相关但不宜放在前面的一些内容,如企业的组织结构图、产品说明书或照片、设施或技术的分析、现金流量表、资产负债表等。通常,附录对提高创业计划书的质量有着重要的作用,对创业者获取外部资源的支持有着特殊的意义。

一般来说,附录的内容可分为附件、附图和附表三部分。

1. 附件

主要包括:营业执照副本、董事会名单及简历、公司章程、产品说明书、市场调查资料、注册商标,等等。

2. 附图

主要包括:企业的组织结构图、工艺流程图、产品展示图、产品销售预测图、项目选址图,等等。

3. 附表

主要包括:主要产品目录、主要客户名单、主要供应商和经销商名单、主要设备清单、市场调查表、现金流量预测表、资产负债预测表、利润预测表,等等。

三、如何撰写创业计划书

(一) 创业计划书撰写技巧

1. 内容材料简单直接、重点突出

第一次给投资者投递计划书,应当写得简单直接一些,用 PPT(演示文稿软件)

的格式,控制在 10~15 页,重点要突出,让投资者用两分钟的时间就能够清楚企业的目的和产品,在投资者感兴趣后再提供更多材料。如果第一次就是上百页的创业计划书,那么投资者需要花大量的时间去阅读理解,容易失去兴趣。

2. 计划书博采众长、别具特色

很多创业者习惯到网上下载创业计划书模板,然后填空,这样的计划书大同小异且毫无特色,投资者阅读时会感到疲劳。虽然多学一些写得好的创业计划书,会让创业者有所启发,但到创业者自己写的时候,应当根据自己的想法设计,做出自己的特色,让人眼前一亮。

3. 产品介绍客观真实,善用图表

产品介绍是创业计划书的核心部分,所以要加以重视。要用简单易懂的语言阐述,必须客观真实,不要夸大其词,多用数据来说明,多用图表来比较,不要写太多总结性的话,少用描述性词语,不要"假大空",也不要"大而全"。

4. 团队介绍重点突出,彰显潜力

很多投资者认为创业团队比项目或产品更为重要,好的团队做什么都更容易成功。即便是好的项目或产品,如果团队太差,成功的概率也会大打折扣。优秀的团队比优秀的项目更具投资的价值。只要团队有潜力,做什么都能成功。项目有可能发展方向不对,也有可能很快就被淘汰了,但有潜力的创业者不会被淘汰,他们一直在创新并奋斗着。

所以团队能力和所做的项目是否匹配,团队成员之间是否互补,创始人是否有足够的个人魅力,是否能取得投资者的信任是关键。

5. 呈现投资者想知道的所有要点

要尽力呈现所有要点,不要缺少关键信息点,要做到要点全面、重点突出、言简意赅,除了公司介绍、项目介绍、团队介绍,收入模式、退出机制、财务分析等要点也需要列出。

(二)创业计划书的撰写原则

一份好的创业计划书必须呈现企业的竞争优势及投资者可以获得的利益,同时计划要切实可行,并尽可能地提供较多的客观数据来加以佐证。在具体编写过程中,创业者应把握以下五项原则。

1. 信息客观原则

要撰写一份较为完善的创业计划书,创业者就需要搜集和利用大量的信息,并对这些信息进行筛选和综合分析,尤其是财务规划部分要尽量客观、真实,切勿凭自己的主观想法进行判断。

2. 文字精练原则

创业计划书要简洁明了,应避免出现与主题无关的内容,要开门见山、直入主题。投资者没有时间,也不愿意花过多的时间来阅读一些对于他们来说毫无意

义的东西。因此,文字精练、观点明确的创业计划书较容易引起投资者的注意和兴趣。

3. 内容完整原则

创业者应尽可能地充实完善创业计划书,为投资者展示一个完整的企业发展蓝图。一份完整的创业计划书一般应该包括封面、计划摘要、企业概况、产品或服务介绍、行业分析、市场预测与分析、营销策略、经营管理计划、团队介绍、财务规划、风险与风险管理等内容。

4. 展示优势原则

创业者编写创业计划书的主要目的之一是为投资者或贷款方提供决策依据,借以得到融资。因此,创业计划书中应尽可能地呈现出企业的竞争优势,显示出创业者创造利润的强烈愿望,并明确投资者预期可以获得的利润。与此同时,创业者也不能忽视投资过程中可能会遇到的困难或风险。

5. 前后一致原则

创业计划书要内容完整,尽量提供各项材料及佐证资料,并使预估与论证相互呼应、前后一致,具有较强的逻辑性。

主题二　路演创业项目

通过制订创业计划书完成了对项目的梳理,接下来就是要展示并推广项目,这也将进一步考察项目负责人的随机应变能力、表达能力和逻辑思维能力。对于大学生创业者来讲,掌握路演的内容、要求和平台非常重要。

一、什么是项目路演

(一) 路演的概念

路演是指在公共场所演示产品、推介理念,以及向他人推广公司、团体、产品、想法的一种方式。

(二) 路演的目的

项目路演的主要目的就是让其他人在最短的时间内听明白"我"是谁、"我"的项目是什么、为哪类客户提供服务、提供什么样的服务、满足什么需求、现在成果如何。然后就是尽一切办法让他们记住并选择企业的产品或服务。

二、如何筹备项目路演

(一) 路演 PPT

一份图文并茂、文字精练的 PPT,可以为创业者提示思路,让投资者抓住项目的重点。因此简洁、清晰、有力是制作路演 PPT 时必须遵循的原则。下面将从路演 PPT 的篇幅、制作和内容方面来介绍其制作方法。

1. 篇幅

以 10 分钟的路演时间为例,路演 PPT 的篇幅控制在 32 页左右为宜。创业者应根据路演台本上标注的重点,把想要强调的关键词内容,如产品或服务、市场状况、竞争情况、商业模式、团队介绍、融资需求等醒目地展示给投资者。

2. 制作

从制作的角度来说,制作路演 PPT 时应注意以下几点。

(1) PPT 对比鲜明。如果 PPT 背景与字体颜色比较接近、字体不突出,则不利于投资者观看 PPT 内容,容易产生疲惫感。所以制作 PPT 时,建议让 PPT 的文字与背景形成鲜明的对比,让评委看得清楚、真切。

微课启学:

什么是路演

微课启学:

路演 PPT 的
准备

(2) PPT 字体适中。项目路演时 PPT 展示屏幕距离投资者有一定的距离,在确保 PPT 整体风格的情况下,建议 PPT 的文字尽量大,让评委看清楚 PPT 的文字内容。在制作 PPT 时,用加粗或加大字体的方式来突出标题,用颜色来突出重点部分。要让评委能瞬间捕捉到 PPT 内容的重点和亮点,在最短的时间内了解 PPT 所介绍的项目内容。

(3) PPT 文字简练。如果 PPT 整页都是文字描述,把页面填充得满满的,项目内容描述十分啰唆,投资者既看不到项目重点,又看不出亮点。因此在制作 PPT 时,项目内容文字不要写太多,文字表述要简洁、凝练,让投资者在最短的时间内了解项目内容的重点和亮点。

(4) PPT 插图适量。PPT 插图太多,容易使版面凌乱。PPT 页面空间有限,为了突出项目汇报效果,可采用插图提高 PPT 汇报的生动性和展示性,但不要弄巧成拙,要使用适量的插图和图标,突出重点和亮点。避免 PPT 插图过多、没有文字,以及项目内容描述不清晰、不完整。

(5) PPT 内容全面。项目路演 PPT 主要包括创业团队、产品与服务、市场痛点、市场空间、竞品分析、商业模式、市场推广、发展规划、资金筹措、财务分析、风控分析、创新点、知识产权等,有些内容最好用关键词或提示符来提示解说汇报。

(6) PPT 亮点突出。路演的目的就是要展示项目特色、项目优势、项目创新性、项目盈利性和项目成长性。应围绕创业计划书的主要模块内容,梳理和提炼出有项目亮点的东西,在 PPT 中尽可能有条理地、完整地展示项目特色与优势。

3. 内容

下面是制作路演 PPT 时应该包含的要素,创业者可以根据具体的情况进行灵活的调整。

(1) 封面

内容:项目名称 + 一句话描述,企业标志,姓名,联系方式(手机、企业社交号二维码、地址等)

目的:让对方知道你是谁,做什么项目,以及你的联系方式。

例如,哈啰单车——共享单车的领骑者;小米电视——打造年轻人的第一台电视。

(2) 项目背景——为什么做

这部分内容应当反映两个方面:一方面是创业者创业的动机、对行业的深入理解、对市场的敏锐度和对用户的需求分析;另一方面是面对这样一个市场,有哪些竞争者和潜在竞争者,对同行优劣势进行分析,包括技术、价格、市场等,以及面对竞争的核心优势是什么。项目背景的体量通常是 2~3 页,主要内容如下。

第一,描述项目相关的行业背景、市场发展趋势、市场空间。行业市场分析要具体且有针对性,与所要做的事要紧密相关,避免空泛论述,这部分要多用数据和案例说明。

第二,描述在目前的市场背景下,发现了什么样的痛点(市场需求点/机会点)。在分析时,如已有相关的产品或服务,请对已有的产品或服务做简要的对比分析,表明当前项目的差异化机会。

第三,说明目前是做该项目的正确时机。

第四,分析市场上的竞争对手和潜在竞争者并介绍企业的竞争策略和竞争优势。

(3) 项目内容——做什么

这部分主要是展现项目的前景,有可发展性,一般配上简单的产业链上下游图展示。项目内容的体量通常是 1~2 页,主要内容如下。

首先,告诉投资人,某一个群体中有一个重要的问题需要解决,并且它也已经通过你的研究得到了验证,这时候你就可以开始讲述你将如何解决这个问题了。以下是你需要回答的问题:人们现在正在使用的其他解决方案是什么?为什么这些解决方案都没有真正解决问题?

其次,要告诉投资人相关的市场情况:市场总量、可服务市场总量和实际可服务市场总量有多大?用户的画像是什么?谁是早期使用者?生命周期价值和获得成本是多少?客户流失率是多少?如果市场很细分,谈一谈企业如何可以成为小池塘里的大鱼。

然后,还可以告诉投资人竞争情况。展示企业在适应市场和获得市场份额上的信心,同时展示当前的客户满意度和忠诚度。你需要考虑下列这些问题:企业的市场定位是什么?如何防止竞争对手夺走企业的市场份额?企业的秘诀是什么?企业将如何变得比竞争对手更优秀?

(4) 项目方案——如何做

该部分需要体现创业者解决问题的思维逻辑和分析能力,体现创业者经营公司的运营思路和战略眼光。项目方案的体量通常是 4~6 页,主要内容如下。

首先,具体说明有什么样的产品服务,能够解决什么痛点。明确产品的用户群是谁,说明产品或解决方案的竞争力,说明产品是如何工作的,它如何为客户带来价值。

其次,说明未来如何实现盈利,即商业模式(如果商业模式还处于雏形阶段,请说明产品/解决方案对用户有确切价值,且能做大规模);产品/解决方案的研发、生产、市场、销售等环节的相关策略(如果项目处于创意阶段,该部分的市场、销售等情况简要说明即可)。同时需要说明企业如何让产品出现在客户面前,基于当前的资源,企业将关注哪些渠道。

然后,说明目前阶段已经达成的关键指标(产品、研发、销售等环节的进展,尽量用数据)。说明企业有多少付费客户或用户,每月或每年产生多少收入,每月的增长是多少,是否实现盈利,企业是否有重要的合作伙伴,是否有来自客户的嘉奖和赞许。

最后,说明未来的发展规划,一般针对产品和市场的未来做一个 3~5 年的规划(人、事、钱)。通过对产品研发、市场开拓、人员招募等部分的规划,说明企业的发展未来,让投资者对企业美好的未来抱有希望。

(5) 团队介绍——谁在做

在这张幻灯片中,你要介绍企业团队成员各自的职务和过去的经历(工作经验、教育背景)。你要解释为什么你的团队是执行这个项目的最佳选择。团队介绍的体量通常是 2~3 页,主要内容如下。

第一,团队的人员规模和组成。

第二,团队主要成员的分工、背景和特长,并说明个人能力与岗位的匹配度。

第三,你有哪些顾问?他们的经验与你正在解决的问题有什么关系?

(6) 财务分析及融资需求——资金从哪里来

这里需要展现支撑项目发展的融资需求。通常是 1~2 页,主要内容如下。

第一,未来 1 年左右项目收支的财务预估。

第二,未来 6 个月或 1 年的融资计划(需要多少资金,释放多少股份,用这些资金干什么,达成什么目标?)。

第三,目前已经筹集到的资金及用途。

(7) 结尾

这里需要展现企业的愿景,作为重要的宣传标语,提醒投资人为什么他们应该关心你的项目,让他们知道企业的愿景是什么,是什么在激励着你实现这个愿景。

(二) 路演台本

在路演前,为了保证路演质量,避免忘词和表述混乱,创业者应先对路演内容进行梳理并记录,确保心中所想与口头表述一致。其次,因为路演都是有时间限制的,一般为 5~10 分钟。因此,根据不同的时长要求来准备不同的台本,可以有效地利用路演时间,突出重点。

1. 根据路演结构撰写台本内容

路演一般可以分为项目介绍和项目展示两大部分。在项目介绍部分用三句话阐述项目:第一句说明项目是做什么的,第二句阐明市场有多大,第三句说明项目的增长潜力究竟有多大。在项目展示部分,围绕项目阐明项目解决的行业痛点、竞争优势,并介绍团队成员,提出融资需求。

2. 梳理台本内容并标注重点

对演讲台本的逻辑关系、核心数据进行梳理,切忌表述前后矛盾、数据错误。同时,还可以在台本上标注重点,概括核心内容,做到详略得当。另外,在优化语言表述时,力求简洁明了,切忌废话连篇、表述不清。

3. 对提问环节进行准备

路演前进行角色互换,创业者可以假设自己是投资者,想一想投资者大概率会提哪些问题,提前准备这些问题的答案。

(三)路演步骤

1. 提出问题

提出问题是指创业者首先应该提出一些具有社会共性的问题。

例如,创业者将要推介的产品是新型汽车轮胎,首先不要讲述产品有多么好,而应采用提问的方式来说明汽车轮胎的重要性,让投资者意识到即将推介的产品是与人们的生活息息相关的。

2. 扩大问题

扩大问题即挖掘消费者的痛点。

例如,由汽车轮胎引发的交通事故,受影响的不仅仅是一个人,而是一整个家庭,由此把问题扩大,加深投资者对项目或产品的印象。

3. 提供解决方案

解决方案就是创业者在此次路演中要推介的项目。

假设要推介的产品是汽车轮胎,此时创业者就可以对产品的技术、特点、安全性等方面进行详细解说。

4. 消费者见证

消费者见证就是人们都喜欢听到自己所认识和了解的事物。

如果创业者没有讲解任何的案例,投资者就会感觉这个产品或服务不太真实。

5. 塑造价值

塑造价值最重要的是让消费者产生物超所值的感觉。

创业者应着重讲述产品的品质价值、概念价值、附加价值等,让消费者觉得产品确实很划算、值得购买,并且会向周围的亲朋好友推荐产品或服务。

三、如何优化路演展示

(一)路演的内容

路演的内容一定要符合路演所讲的主题,创业者在介绍时一定要把重点讲透,不要面面俱到、泛泛而谈。如果时间充裕,创业者在路演前可以多排练,以保证对内容充分熟悉。

(二)语音、语速、语调

路演时要发音清晰、有感情,强调语音和语调的主要原因是创业者需要声情并茂地将项目信息传达给投资者,让投资者更易接受和理解。

在语速问题上,创业者需要考虑两方面的因素。首先,要使投资者能够清楚地了解创业者传达的信息要点;其次,创业者要保持良好的节奏感,应在指定时间内不急不缓地完成一场完整的路演。

（三）个人状态

在向投资者推介自己的创业项目时，创业者要表现出充满激情、积极向上的个人状态，要展现出对自己项目的信心和愿意为项目付出巨大努力的准备。

（四）肢体语言

肢体语言就是利用身体部位来传达思想，如手势、面部表情等。使用肢体语言的目的除了沟通，最重要的是与投资者进行互动，让投资者感受到创业者对他们的关注度。

（五）路演答辩时间

路演的第一条注意事项就是严格控制时间，一般为 5 分钟。

（六）个人素质

投资者需要创业者有聆听的能力。如果创业者在推介自己的项目时只顾表现自己而不顾投资者的感受，那么就很难让自己的项目得到投资者的青睐，创业者演讲时可以多和投资者进行眼神交流。与此同时，创业者需要诚实地回答投资者的问题，不要过分夸大，要让投资者觉得创业者是可以信任的。

（七）数据支持

创业者应运用数据来明确地告诉投资者企业的目标人群、项目实施计划和产品的竞争优势，同时还要给投资者提供一份详细准确的财务预测。虽然数据略显枯燥，但是创业者应该牢记，只有数据才是最直观、最有说服力的。

（八）情怀

项目不能只关注纯粹的商业价值和利润获取，适当将愿景、情怀融入项目，更能体现社会价值，得到投资者的认可。

（九）意外应对

遇到突发状况时，一定要冷静。如果可以的话，可以通过幽默风趣的话语来调节，切忌自己先乱了阵脚。一场保持亢奋而不紧张的演讲，能让你的感染力提高数倍。

四、可以利用哪些大赛平台赛出创业风采

（一）中国国际"互联网 +"大学生创新创业大赛

1. 大赛背景介绍

中国"互联网 +"大学生创新创业大赛自 2015 年开赛以来，目前已成为全国规格最高、知名度最大、覆盖院校最广、申报项目种类最多、参与学生最多、国家重视度最高的大学生创新创业大赛，极大地激发了大学生创新创业的热情，释放出"青年 + 创新创业"的无穷力量，2019 年 12 月更名为中国国际"互联网 +"大学生创新创业大赛（图 7-2-1）。

微课启学：

路演答辩提升技巧

微课启学：

项目路演注意事项

2. 大赛目的与任务

大赛旨在深化高等教育综合改革,激发大学生的创造力,培养造就"大众创业、万众创新"的生力军;推动赛事成果转化,促进"互联网+"新业态形成,服务经济提质增效升级;以创新引领创业、创业带动就业,推动高校毕业生更高质量创业。

图 7-2-1 中国国际"互联网+"大学生创新创业大赛标识

(1) 以赛促学,培养创新创业生力军。大赛旨在激发学生的创造力,培养造就"大众创业、万众创新"的生力军;鼓励广大青年扎根中国大地、了解国情民情,在创新创业中增长智慧才干,在艰苦奋斗中锤炼意志品质,把激昂的青春梦融入伟大的中国梦,努力成长为德才兼备的有为人才。

(2) 以赛促教,探索素质教育新途径。把大赛作为深化创新创业教育改革的重要抓手,引导各地各高校主动服务国家战略和区域发展,开展课程体系、教学方法、教师能力、管理制度等方面的综合改革。

以大赛为牵引,带动职业教育、基础教育深化教学改革,全面推进素质教育,切实强化学生的创新精神、创业意识和创新创业能力。推动人才培养范式深刻变革,形成新的人才质量观、教学质量观、质量文化观。

(3) 以赛促创,搭建成果转化新平台。推动赛事成果转化和产学研用紧密结合,促进"互联网+"新业态形成,服务经济高质量发展。以创新引领创业、以创业带动就业,努力形成高校毕业生更高质量创业就业的新局面。

(二)"创青春"中国青年创新创业大赛

1. 大赛介绍

"创青春"系列活动是共青团服务青年创新创业的重要活动品牌。2014 年以来,在人力资源和社会保障部、农业农村部、商务部、国家乡村振兴局等单位的大力支持下,截至 2022 年,"创青春"中国青年创新创业大赛(图 7-2-2)已成功举办九届。活动聚焦国家重大战略、重点产业、重要工程等导向设置垂直领域专项赛,并以专项赛为支撑举办专项交流活动和综合交流活动,为青年创业者提供创业辅导、展示交流、资本对接、骨干培训等支持,打造团组织、青年创业者、社会创服机构共创、共享、共赢的青年创新创业嘉年华。

图 7-2-2 "创青春"中国青年创新创业大赛标识

2. 大赛目的与任务

搭建创业者展示成长平台、投融资对接平台,建立青年创新创业项目库、人才库、导师库,优化青年创业环境,提高青年创业成功率,激发全社会关心青年创业的热情,促进青年创业就业服务体系建设。

（三）中国创新创业大赛

1. 大赛介绍

中国创新创业大赛（图7-2-3）是由科学技术部、财政部、教育部、中共中央网络安全和信息化委员会办公室、中华全国工商业联合会共同举办的一项以"科技创新，成就大业"为主题的全国性创业比赛。

图7-2-3　中国创新创业大赛标识

2. 大赛目的与任务

中国创新创业大赛旨在整合各种创新创业要素，搭建为科技型中小企业服务的平台，引导更广泛的社会资源支持创新创业，促进科技型中小企业创新发展。

（1）提升创新创业水平。通过促进科技创新和成果转化，培育高水平、高层次、高素质的创业团队和具有核心创新能力的高成长性、战略性的新兴产业源头企业，提升新时期创新创业水平。

（2）营造创新创业氛围。激发全民创新创业精神，吸纳优秀的创新创业人才，营造"鼓励创新、支持创业"的氛围，在全社会掀起创新创业的高潮，为建设创新型国家奠定坚实的基础。

（3）弘扬创新创业文化。探索科技与文化的结合，充分利用电视、新媒体等互动方式，宣传创新创业人物，树立创新创业品牌，让更多的人了解和参与创新创业，带动就业。

（4）促进科技和金融结合。发挥政府的引导作用，利用市场机制，聚集各种创新资源，吸纳包括银行、创业投资机构在内的社会各方力量，使他们广泛参与对科技型中小企业的投入，为创新创业团队和企业搭建融资服务平台，促进中小企业的创新发展。

（四）中华职业教育创新创业大赛

1. 大赛简介

中华职业教育创新创业大赛由中华职教社主办，是面向中职、高职、应用技术型本科院校的比赛。

2. 大赛目的与任务

为深入学习贯彻习近平总书记关于职业教育的重要指示精神和全国职业教育大会精神，进一步激发大学生创新创业热情，加快职业教育对接行业产业，促进学校创新创业教育发展，大赛致力于培养大学生的创新意识、创意思维和创业能力，为高校师生提供一个将专业知识与社会实践相结合的平台。

【模块训练】

● 实践任务

撰写创业计划书

团队成员可以分工协作,也可以独立完成。撰写一份创业计划书,在练习中掌握书写创业计划书的要素和写作方式。参照模板如下图所示。

摘要(对创业计划书进行概括性描述)	5.3 合作伙伴
	5.4 盈利模式
第1章 项目概述	**第6章 财务融资**
第2章 公司介绍	6.1 财务预测
2.1 背景	6.2 融资计划
2.2 现状	**第7章 核心团队**
2.3 未来计划	7.1 团队创始人
第3章 市场分析	7.2 核心成员
3.1 政策背景	7.3 组织架构
3.2 行业市场	7.4 专家顾问
3.3 市场痛点	**第8章 项目成效**
第4章 产品服务	**第9章 发展规划**
4.1 解决方案	9.1 未来一年
4.2 技术核心	9.2 未来三年
4.3 竞品分析	9.3 未来五年
4.4 应用案例	**附件**
第5章 商业模式	营业执照影印本
5.1 客户定位	核心团队名单及简历
5.2 营销模式	简报及报道
	……

● 思考探究

(1) 撰写创业计划书时,最核心的内容有哪些?

(2) 你认为各级各项大学生创新创业竞赛的价值何在?

(3) 你认为要参加中国国际"互联网＋"大学生创新创业大赛应该做好哪些准备?

【模块检测】

扫描下页二维码,测一测你对本模块知识的掌握程度。

模块检测七

【模块评估】

（1）请根据你的学习情况进行评价。

模块七　学习评估表

考评项目	考评内容	评分标准及要求	分值			得分
主题一：制定创业计划	学习态度（20分）	课前完成线上预习与相应的学习任务；能够积极思考，主动发现和提出问题；能够大胆表达自己的观点，积极参与互动	好（15~20分）	较好（10~14分）	一般（1~9分）	
	知识掌握情况（30分）	创业计划书的概念、作用及内容	掌握（11~15分）	熟悉（6~10分）	了解（1~5分）	
		创业计划书的撰写原则和技巧	掌握（11~15分）	熟悉（6~10分）	了解（1~5分）	
	学习效果（10分）	熟练掌握学习内容，顺利达成任务目标，完成模块检测	好（8~10分）	较好（6~7分）	一般（1~5分）	
主题一　得分						
主题二：路演创业项目	学习态度（20分）	课前完成线上预习与相应的学习任务；能够积极思考，主动发现和提出问题；能够大胆表达自己的观点，积极参与互动	好（15~20分）	较好（10~14分）	一般（1~9分）	
	知识掌握情况（30分）	路演的概念、目的和意义	掌握（6~7分）	熟悉（3~5分）	了解（1~2分）	
		路演的准备、步骤和技巧	掌握（11~15分）	熟悉（6~10分）	了解（1~5分）	
		创新创业大赛平台	掌握（7~8分）	熟悉（4~6分）	了解（1~3分）	
	学习效果（10分）	熟练掌握学习内容，顺利达成任务目标，完成模块检测	好（8~10分）	较好（6~7分）	一般（1~5分）	
主题二　得分						

续表

考评项目	考评内容	评分标准及要求	分值			得分
实践任务	任务完成情况（40分）	按照要求完成实践任务,分析准确、操作流程正确、方案设计合理、内容具有较好的操作性,并落地实践	好（32~40分）	较好（24~31分）	一般（10~23分）	
		实践任务　得分				
总分 = 得分（主题一）× 50% + 得分（主题二）× 50% + 得分（实践任务）			模块七　总分			

评估人:＿＿＿＿＿＿　时间:＿＿＿＿＿＿＿＿

（2）学习完本模块,你还有哪些收获?

_____

_____

_____

_____

办企业　强管理

【模块导读】

▶ 知识地图

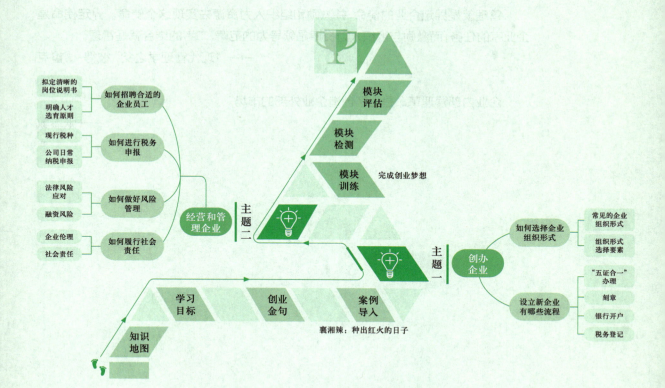

拟定清晰的岗位说明书
明确人才选育原则
如何招聘合适的企业员工

现行税种
公司日常纳税申报
如何进行税务申报

法律风险应对
融资风险
如何做好风险管理

企业伦理
社会责任
如何履行社会责任

经营和管理企业

主题二

模块评估
模块检测
模块训练　完成创业梦想

学习目标
创业金句
案例导入

襄湘辣：种出红火的日子

主题一　创办企业

如何选择企业组织形式
常见的企业组织形式
组织形式选择要素

设立新企业有哪些流程
"五证合一"办理
刻章
银行开户
税务登记

知识地图

► 学习目标

● 知识目标

(1) 了解企业组织形式和企业注册流程

(2) 知晓企业经营需注意的员工招聘、税务及法律知识

● 能力目标

(1) 具备正确选择符合创业者本身实际创业情况的企业组织形式的能力

(2) 具备企业经营的能力

● 素养目标

(1) 培养创业领导力、管理力等素质品质

(2) 强化创业者的学习能力

► 创业金句

管理就是界定企业的使命，并激励和组织人力资源去实现这个使命。界定使命是企业家的任务，而激励与组织人力资源是领导力的范畴，二者的结合就是管理。

——"现代管理学之父"彼得·德鲁克

企业内部管理革命是为了创造企业外部的市场。

——张瑞敏

▶ 案例导入

襄湘辣：种出红火的日子

数据化的辣椒种植生产：形成了火红的种植基地

杨利华是一名退伍军人，2017年他回到湖北省襄阳市襄州区朱集镇雷庄村，创办了"汉江绿谷辣椒种植专业合作社"。2019年通过"一村多名大学生计划"进入襄阳职业技术学院就读，和学院共建汉江流域辣椒产业研究院，将全国的辣椒优良品种引进襄阳，进行驯化、选育。

经过努力，杨利华选育出了3个优良品种，取名为"襄湘辣"，一年可收获三茬，亩产可达普通辣椒的两倍多。有了好的品种，农民的种植积极性大为提高，合作社吸引了当地500多名农户的加入，种植面积很快就扩大到了1万亩以上，合作社还吸纳了周边35名村民在合作社务工。2021年，合作社员由5人发展到157人，辣椒种植面积从150亩发展到15 000亩，从朱集镇雷庄村辐射到4省20县市区30个乡镇。汉江绿谷辣椒种植专业合作社也成了中国优质农产品3A级诚信供应商。

个性化的辣椒全网销售：襄阳辣椒进入贵州市场

如果把襄阳辣椒销往贵州，就相当于进入了全国辣椒的"圣地"，襄阳辣椒产业就会有异常广阔的空间。2021年杨利华开始招募专业团队，成立襄湘辣（襄阳）农业科技有限公司，专注于"襄湘辣"品牌的推广和销售。

他们一方面对社员基地采收的鲜椒进行抽检，合格者收购入社，统一烘干、色选分级、分类包装入库；另一方面，他们带着襄阳辣椒和检验报告，请"贵州老干妈"的采购方进行鉴定，并顺利通过。之后，公司又拿到了周黑鸭、康师傅等大企业的订单，在襄阳与武商百货襄阳公司、好邻居超市、四季青农贸市场等数十家连锁超市进行深度交流与合作。此外，他们还格外重视新媒体营销，运营了2个公众号和抖音短视频账号，现已有粉丝10万多人。他们公司的辣酱产品从19.36万元的销售额增长到2020年的92.28万元，增速达376.6%。

● 案例解析

从决定返乡创业种植辣椒，到成立合作社组织种植、选育，再到成立专业的公司、拓展销售渠道、打造推广品牌，杨利华用了6年的时间，经历过军营磨炼的他，做事干练果断、聚焦专注。不同的企业组织形式发挥着不同的优势，未来，"襄湘辣"将形成集团化的公司体系，打通辣椒研发、种植、加工、销售的全产业链。

主题一　创办企业

创办企业是创业过程中一个重大步骤,它不仅会改变你的生活,更是多了份责任——你要对你的企业负责,对你的员工负责,对自己负责。

一、如何选择企业组织形式

企业是指依法设立的以营利为目的,从事商品的生产经营和服务活动的独立核算经济组织。现代企业的组织形式按照财产的组织形式和所承担的法律责任不同,通常划分为有限责任和无限责任两种形式。承担无限责任的企业形式包括个体工商户、个人独资企业、合伙企业。承担有限责任的企业形式包括有限责任公司和股份有限公司两种。

(一) 常见的企业组织形式

我国法定的企业组织形式主要有个人独资企业、合伙企业、公司制企业(图 8-1-1)。

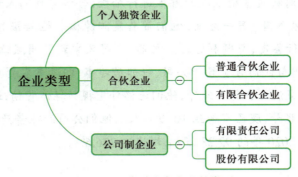

图 8-1-1　我国法定企业的类型

1. 个人独资企业

个人独资企业,简称独资企业,是指由一个自然人投资,全部资产为投资者所有的营利性经济组织。独资企业是一种较为古老的企业组织形式,至今仍被广泛运用,其典型特征是个人出资、个人经营、个人自负盈亏和自担风险。

2. 合伙企业

合伙企业是指由两个或两个以上的自然人通过订立合伙协议,共同出资经营、共负盈亏、共担风险的企业组织形式,具体可分为普通合伙企业与有限合伙企业。

3. 公司制企业

(1) 有限责任公司,又称为有限公司,是指由符合法律规定的股东出资组建,每个股东以其出资额为限对公司承担责任,公司法人以其全部资产对公司的债务承担责任的经济组织。

(2) 股份有限公司,又称为股份公司,是指注册资本由等额股份构成,股东通过发行股票筹集资本。股东以其认购的股份为限对公司承担责任的经济组织。

创业者要从自身的实际情况出发,选择适合自己的组织形式,以最小的投资获取最大的收益。

(二) 组织形式选择要素

1. 承担风险能力

这是创业者选择企业组织形式时必须要考虑的问题。不同的组织形式,创业者个人对企业负债的责任不同,它决定了创业者对企业负债所承担的数量范围。股份有限公司、有限责任公司的股东仅以出资额为限承担责任,而个人独资企业、个体工商户、合伙企业则需要以全部财产承担无限责任,所以风险较大。

2. 税收差异

不同的企业组织形式所缴纳的税收政策不同。个人独资企业、合伙企业只需缴纳个人所得税,而股份有限公司及有限责任公司不仅需要缴纳个人所得税还需缴纳企业所得税。

创业秘钥

>> 创业者在初创企业时,要根据自身情况严谨考虑企业组织形式的选择,除了需要考虑责任风险和税收情况,还需考虑所在地区创办企业的政策要求。

二、设立新企业有哪些流程

设立新企业的第一步是公司注册。随着"五证合一"改革的推行,现在开设企业的流程简化了许多。新企业的设立流程包括从工商注册到正式运营,需要办理"五证合一"、刻章、银行开户、税务登记。

(一) "五证合一" 办理

"五证合一"办理采取"一表申请、一窗受理、并联审批、一份证照"的流程,具体资料及信息准备如下。

(1) 法人身份证扫描件。

(2) 场地提供方的产权有效证明(如产权证、租赁合同等)扫描件。

(3) 公司与场地提供方的房屋租赁合同扫描件。

(4) 公司注册名称。

常见的企业名称一般有三种形式,注册时任选其一即可:地区 + 字号 + 行业 + 组织形式,例如,襄阳 ABC 科技发展有限责任公司;字号 +(地区)+ 行业 + 组织

微课启学:

公司成立注册

形式,例如,ABC(襄阳)科技发展有限责任公司;字号＋行业＋(地区)＋组织形式,例如,ABC科技发展(襄阳)有限责任公司。

在注册名称时一般先用字号在"国家企业信用信息公示系统"上查询是否已经被注册,保证没有重名。

(5) 注册资本。

(6) 注册地址。注册地址如果是法人自身房产,则需要房产证复印件与法人本人的身份证复印件;如果是法人租赁的房产,若是个人房产,则需要房东签字的房产证复印件和房东的身份证复印件,以及双方签字盖章的租赁合同和租金发票;如果是公司的房产,则需要该公司加盖公章的房产证复印件和该公司营业执照复印件,以及双方签字盖章的租赁合同和租金发票。

(7) 法定代表人信息。

(8) 股东姓名和股权比例情况。

(9) 确定法定代表人、监事、财务负责人。

(10) 经营范围。

(二) 刻章

创业者刻各种章都要到市场监督管理局备案,去公安机关指定刻章处刻。一共需要刻五个章:公章、财务章、合同章、法人章、发票章。

(三) 银行开户

创业者需凭执照、公章、财务章、身份证原件去银行开立企业基本账户。开立基本账户时,按各银行的要求办理开户许可证、信用代码证和开户密码。也可提前开立社保或者公积金账户。

(四) 税务登记

创业者应先到税务局进行企业的基本信息登记,办理税种核定,然后再办理发票领购簿和票种核定,最后才是签署三方协议(企业、银行、税务机关)、开通网上申报。发票申请分两种:一是按定税方法,即每月不管有没有营业额都要缴纳相同的税额;二是根据开具发票的金额每月按税率缴税。

主题二　经营和管理企业

经营和管理是关乎企业生存和发展的两件大事,企业需要经营好、管理好才能成功。经营需要理解人性、了解人性,更多的是从人性的层面来处理各类事务,这样才容易调动人的内在潜能。

一、如何招聘合适的企业员工

(一) 拟定清晰的岗位说明书

找到合适的人,是所有企业主都非常关注的问题。员工是否符合岗位,是否是企业所需的,这就需要企业主能够准确地定义自己的岗位需求,并且清晰地将信息传达出去。这其中最重要的就是能够拟定一份清晰的岗位说明书。

1. 设定基本信息

首先要做的是与用人部门再次沟通并确认岗位的工作职责和内容,然后拟定职位名称、所属部门、职称职级(由内部高层沟通而定)、直属上级、薪资标准(往往是根据行业信息来确定一个范围)、填写日期、核准人等。

2. 编写职位概要

确认了基本信息就意味着这个职位的基本属性和沟通层级已经被大致确定了,接着要做的是撰写职位概要,此时需要注意以下几点。

(1) 用词要精确,避免概念模糊的词语(如可能、也许等字眼)。

(2) 语言要简短易懂(因为是概要,所以不要过于复杂)。

(3) 内容要涵盖所有工作内容,体现工作特性。

(4) 要给予岗位目标的描述。

3. 填写工作内容

完成了职位概要后,就需要介绍详细的工作内容,需要按以下步骤进行操作。

(1) 罗列出该职位的所有工作事项。

(2) 对工作细则进行归类。

(3) 按重要等级对这些工作内容进行排序,从重要到相对不重要排列,这样读者可以一目了然。

(4) 用词要确切,能体现出所要承担的职责(如参与、制订、配合、完成等词语)。

4. 确定任职资格

工作职责内容确立后，为能找到合适的人才，资格确认必不可少，其包含以下几点要素：教育背景（最好是与工作内容相关的专业）、培训经历（与工作内容相关的培训履历）、工作经验（设定时根据需要的资历来确定时间长短）、技能技巧（与工作内容相关的技能）、态度。

5. 其他

岗位说明书中还有一些不可或缺的部分，其主要内容包括：工作场所、工作时间、环境状况（通常体现为脑力为主还是体力为主）、危险性（相当重要，特殊的职业关系到特殊的待遇设定）。

（二）明确人才选育原则

对于很多创业者来说，都会有这样的困惑：是招募态度好的还是能力强的员工？对于这个问题，一直都很难有准确的答案，这里给定一个员工分类的象限用以辅助解答，具体见图8-2-1。

图8-2-1　员工分类象限图

可以发现，这个社会上有能力强且态度好的人才，也即我们所说的"有才有德"；也有能力和态度都不好的人，也即我们所说的"无才无德"；对于这两类人，我们一般遵循"有才有德，破格录用；无才无德，坚决不用"的原则。还有或是能力好的，或是态度好的，对于这两种类型的人，我们一般需要考虑到"可塑性"原则。人与人之间的能力或许有差异，但是"能力天花板"的差异却不大，大部分人离自己的"天花板"还很远，即便是能力强、态度好的人也是如此；而态度则是一个人的价值观、人生观的体现，它是由过去十几年的人生经历所塑造成的，一旦形成，就很难改变。所以对于能力和态度来说，能力的可塑性是比较强的。那么对于这两类人，我们一般遵循"有德无才，培养使用；有才无德，限制录用"的原则。

▶ **工具应用**

劳动合同书

说明

　　劳动合同是用人单位(包括企业、事业单位、国家机关、社会团体等组织)同劳动者之间确定劳动关系,明确相互权利义务的协议。企业与被招用的劳动者签订劳动合同时,必须遵守国家法律法规和政策的规定,坚持平等自愿和协商一致的原则;劳动合同必须以书面形式签订;劳动合同的内容必须完备、准确。

工具

　　"劳动合同书"的具体内容详见下页。

劳动合同编号：_____

劳动合同书

用人单位：_____

劳动者：_____

×××市人力资源和社会保障局印制

用人单位名称：＿＿＿＿＿＿＿＿＿＿＿＿＿＿＿＿＿（以下称"甲方"）

住所：＿＿＿＿＿＿＿＿＿＿＿＿＿＿＿

通信地址：＿＿＿＿＿＿＿＿＿＿＿＿＿＿＿

邮政编码：□□□□□□

法定代表人或主要负责人：＿＿＿＿＿＿＿

劳动者姓名：＿＿＿＿＿＿＿＿＿＿＿＿＿＿＿＿＿（以下称"乙方"）

身份证号码：□□□□□□□□□□□□□□□□□□

家庭住址：＿＿＿＿＿＿＿＿＿＿＿＿＿＿邮政编码：□□□□□□

户籍所在地：＿＿＿＿＿＿＿＿＿＿＿＿＿邮政编码：□□□□□□

联系方式：＿＿＿＿＿＿＿＿（固定电话）＿＿＿＿＿＿＿＿（移动电话）

紧急联系人：＿＿＿＿＿＿＿＿＿＿联系电话：＿＿＿＿＿＿＿＿＿

（劳动者身份证或者其他证件复印件粘贴处）

甲乙双方就劳动关系的建立及其权利义务等事宜，根据《中华人民共和国劳动合同法》及有关的劳动法律、法规、行政规章和本单位依法制定的规章制度、集体合同，遵循合法、公平、平等自愿、协商一致、诚实信用的原则，一致同意订立本劳动合同（以下简称合同），确定劳动关系。

一、合同的类型与期限

（一）甲、乙双方选择合同类型为（＿＿＿＿＿＿＿＿）。

A. 固定期限，自＿＿年＿＿月＿＿日起至＿＿年＿＿月＿＿日止，共＿＿年（个月）。

B. 无固定期限，自＿＿年＿＿月＿＿日起至本合同第七条的终止情形出现时即行终止。

C. 以完成一定的工作任务为期限：自＿＿＿＿＿＿年＿＿＿月＿＿＿日起至＿＿＿＿＿＿＿＿＿＿＿＿＿＿＿＿＿＿＿＿工作任务完成时即行终止。

（二）试用期

甲乙双方约定试用期自＿＿年＿＿月＿＿日起至＿＿年＿＿月＿＿日止，共＿＿个月，试用期工资为：＿＿＿＿＿＿＿。

二、工作内容与工作地点

（一）甲方聘用乙方从事＿＿＿＿＿＿＿＿工作，具体任务或职责是：＿＿＿＿＿＿
＿＿＿＿＿＿＿＿＿＿＿＿＿＿＿＿＿＿＿＿＿＿＿＿＿＿＿＿＿＿＿＿＿＿＿＿＿＿

_____。

（二）乙方的工作地点为_____。

（三）乙方应认真履行甲方制定的岗位职责，按时、按质、按量完成其本职工作；未经甲方允许，乙方不得在其他单位兼职。

三、工作时间与休息休假

（一）乙方所在岗位执行工时制度（_____）。

A. 标准工时制。

B. 不定时工时制。

C. 综合计算工时制。

（二）甲方确因工作需要，可依法安排乙方延长工作时间、休息日或节假日加班。

（三）乙方加班须征得甲方确认同意，否则不视为加班。

四、劳动报酬

（一）乙方在正常出勤并付出正常劳动后，有权获得相应劳动报酬。乙方所在岗位执行工资计发形式（_____）。

A. 计时形式：乙方的月工资为：_____。其中加班加点计发工_____>/小时，事假扣除标准为_____元/小时，病假扣除标准为_____元/小时。

B. 计件形式：乙方的劳动定额为_____，计件单价为_____。

C. 其他工资形式：_____

_____。

（二）甲方于每月_____日以人民币形式支付乙方上月工资。如遇节假日或休息日，则应提前到最近的工作日支付。

（三）甲方可以根据其生产经营状况、乙方工作岗位的变更和依法制定的劳动报酬分配办法，经协商调整乙方的工资待遇。

（四）甲方安排乙方延长工作时间或休息日、法定休假日工作的，应依法安排乙方补休或支付相应劳动报酬。

五、社会保险和福利待遇

（一）甲乙双方必须依法参加社会保险，甲方根据国家和当地有关规定为乙方缴纳社会保险费，乙方个人缴纳部分由乙方承担并由甲方在工资发放时代扣代缴。

（二）乙方在甲方工作期间患病或非因工负伤、因工伤残或患职业病以及生育，其有关保险福利待遇，按照国家法律规定和当地有关政策规定执行。

（三）甲方为乙方提供以下福利待遇：

_____

_____

_____。

六、劳动保护、劳动条件和职业危害防护

（一）甲方建立健全生产工艺流程、操作规程、工作规范和劳动安全卫生制度及其标准。甲方对可能产生职业病危害的岗位，应对乙方履行告知义务，并做好劳动过程中职业危害的预防工作。乙方应严格遵守相关操作流程与安全制度。

（二）甲方为乙方提供符合国家及当地规定的劳动条件及安全卫生的工作环境，并依照企业生产经营特点及有关规定为乙方提供劳动防护用品，乙方应严格按要求穿戴劳动防护用品。

（三）甲方对乙方进行职业技术、安全卫生、规章制度等必要的教育与培训，乙方应参加甲方组织的各项必要的教育培训。

七、劳动合同的变更、解除和终止

（一）订立合同所依据的法律、行政法规、规章发生变化，甲方与乙方代表协商签订的集体合同有新的约定，合同应变更相关内容。

订立本合同所依据的客观情况发生重大变化，致使合同无法履行的，经协商同意，可以变更合同相关内容或解除合同。

（二）甲乙双方协商一致，可以变更或者解除合同。

（三）有关解除或者终止劳动合同的事项，按照《中华人民共和国劳动合同法》等法律、法规规定执行。

八、经济补偿

（一）乙方未提前三十天向甲方提出解除合同或有其他擅自离职情形的，甲方应在乙方办结工作交接后支付乙方当月工资。

（二）凡属法律规定应给予经济补偿金的，甲方应按规定的标准和时间向乙方支付。

九、培训服务期与竞业限制

（一）乙方在合同期间接受甲方提供的出资专项技术培训，约定为甲方服务的期限自＿＿＿年＿＿＿月＿＿＿日起至＿＿＿年＿＿＿月＿＿＿日。乙方若违反本条约定，提前解除合同的，应偿付甲方培训费用＿＿＿＿＿＿＿＿＿元人民币，对已履行部分服务期的，按照服务期尚未履行部分所应分摊的培训费用偿付。

双方可另行签署《培训／教育协议》，约定具体服务期、赔偿标准等并执行。

（二）乙方应当保守甲方的商业秘密。商业秘密系指不为公众所知悉，能为甲方带来经济利益，具有实用性并经甲方采取保密措施的技术秘密和经营信息。

乙方的竞业限制期限自＿＿＿年＿＿＿月＿＿＿日起至＿＿＿年＿＿＿月＿＿＿日或者＿＿＿＿＿＿＿＿＿＿＿＿＿＿＿＿＿＿＿＿＿＿＿。竞业限制的范围为＿＿＿＿＿＿＿＿＿＿＿＿＿＿＿＿＿＿＿＿＿＿＿＿＿＿＿＿＿＿＿，地域为＿＿＿＿＿＿＿＿＿＿＿＿＿＿＿＿＿＿＿＿＿。在竞业限制期间甲方给予乙方一定经济补偿，具体标准为＿＿＿＿＿＿＿＿＿＿，支付方式为＿＿＿＿＿＿＿＿＿＿＿＿＿。若乙方违反上述约定的,应支付违约金_____元人民币。如果违约金不足以弥补甲方所受的实际损失的,甲方保留向乙方追偿实际损失的权利。

双方亦可另行签署竞业限制协议,约定竞业限制的范围、期限、补偿标准和违约责任。

十、劳动争议处理

甲、乙双方因合同而发生争议均可依法申请仲裁、提起诉讼。

十一、其他规定

(一)甲方依法制定的规章制度(包括但不限于员工手册、岗位职责、培训协议、保密协议、安全准则等)均属本合同的主要附件,其效力与合同条款同等。

(二)本合同如与法律、法规相抵触的,或者因法律、法规的变化而不一致的,以现行有效的法律、法规为准。

(三)本合同未尽事宜,双方另有约定的,从其约定;双方没有约定的,依照法律、法规规定执行。

(四)本合同生效前双方签订的任何《劳动合同》自本合同签订之日起自动失效,其他之前签署的相关协议文本(包括但不限于《保密协议》《培训协议》《竞业限制协议》等相关规定)与本合同不一致的,以本合同为准。

(五)乙方同意,在其处于联系障碍状态(包括但不限于乙方因病住院、丧失人身自由等情形)时,委托合同首部的"紧急状态联系人"作为乙方的受委托人,该受委托人享有接受和解与调解,代领、签收相关文书的权限。

(六)甲、乙双方另行约定条款:

_____

_____

_____

_____

_____

_____。

本合同经甲乙双方签字(或盖章)后生效。本合同由甲乙双方各执一份,合同文本具有同等法律效力。

甲方:(签字盖章)　　　　　　　　　　乙方:(签字或盖章)

签订日期:　　　　　　　　　　　　　签订日期:

签订地点:　　　　　　　　　　　　　签订地点:

二、如何进行税务申报

税收是国家最主要的一种财政收入来源,而企业是最重要的纳税主体。自设立登记之日起,企业就开始承担了纳税义务。创业初期,创业者应当对企业的税务知识有一定的了解。如果未能按照法律规定申报纳税,可能会承担一定的经济损失(税收滞纳金),甚至会承担法律责任(行政罚款、逃税罪)。

(一)现行税种

对于创业者来说,应当了解现行税种有哪些、公司的业务会涉及哪些税种以及在哪个税务部门申报缴纳相应的税收等基本常识。

按征税对象的不同,现行税种分为商品和劳务税、所得税、财产税和行为税、资源税和环境保护税、特定目的税。具体内容如表8-2-1所示。

表8-2-1　我国现行税种

税类	具体税种
商品和劳务税类	增值税、消费税、关税
所得税类	企业所得税、个人所得税、土地增值税
财产、行为税类	房产税、车船税、印花税、契税
资源税和环境保护税类	资源税、环境保护税、城镇土地使用税
特定目的税类	城市维护建设税、车辆购置税、烟叶税、船舶吨税、耕地占用税

(二)公司日常纳税申报

纳税申报,就是纳税人按照税法规定的期限和内容向税务机关提交有关纳税事项的材料,是所有纳税人都应履行的纳税义务,也是承担法律责任的主要依据,更是税务机关税收管理信息的主要来源。

(1)申报纳税期限。一般情况下,税务机关要求公司在当月的15日前完成上月的税务申报并及时缴纳税款。当然,该期限可能因某些原因得以延长,具体的期限可咨询主管税务机关。如果企业在规定期限内完成申报确有困难,需要延期的,应当在规定的申报期限内向主管税务机关提出书面延期申请,经主管税务机关核准,在核准的期限内办理。如因不可抗力,不能按期办理纳税申报的,可以延期办理。但是,应当在不可抗力情形消除后立即向主管税务机关报告。

(2)申报纳税方式。如果企业未开通网上纳税申报的功能,创业者就需要持申报表、财务会计报表、代扣代缴税款表及其他纳税资料到办税大厅现场申报,并现场缴纳已申报的应纳税款;如果企业在纳税申报期限内,因各种原因不能到税务机关办理纳税申报的,可采取邮寄申报形式办理纳税申报。但采用邮寄方式申报的,必须经过税务机关批准。

(3)零申报。一般情况下,无论有无应税收入和所得等,企业都必须在规定期限内办理纳税申报。因此,在创业初期,即使是零申报,也需要进行申报。

(4) 财务会计报表。除特殊情况外,公司的税收都被核定为查账征收。因此,企业在申报纳税的同时,必须提交财务会计报表。这就要求企业尽早编制财务会计报表并加以审核,以免后续税务申报迟延或发生错报。

(5) 税收优惠申请与备案。国家对于创业公司有很多税收优惠政策,如高新技术企业的所得税减按 15% 征收(一般按 25%),研发费用加计扣除等。创业者可自主学习研究与企业相关的税收优惠政策,亦可咨询主管税务机关。如满足相关条件,则可按照税务机关的要求进行申请或备案。

总之,创业者对于税务处理须加以重视,应根据企业的实际情况,及时、完整、真实地申报纳税,以免企业或自身承担法律责任。同时,注意利用国家针对创业的各种税收方面的优惠政策,减轻企业的运营负担。

三、如何做好风险管理

(一) 法律风险应对

创业者在最初创业时常常因为不懂法、不知法而无法维护自己的合法权益,所以创业者要增强法律意识,学习相关的法律文件或者咨询法律专家以维护自身权益。以下是帮助创业者预防法律风险的管理方法。

1. 要履行所有合同义务

在市场经济条件下,合同事务是很多初创企业都可能面临的问题。在司法实践中,因为合同事务产生的纠纷也是数不胜数。其中,合同的履行是双方当事人订立合同时最重要的环节。

由于合同的类型不同,履行的表现形式也不尽一致。但任何合同的履行,都必须有当事人的履约行为,这是合同债权得以实现的一般条件。合同的履行通常表现为义务人的作为,由于合同大多是双务合同,当事人双方一般均须有一定的积极作为,以实现对方的权利。但在极少数情况下,合同的履行也表现为义务人的不作为。无论是作为还是不作为,都是义务人的履约行为。

如果不能履行义务,企业应该与供应商和债主坦诚相待,并应迅速给受损的当事人或组织提供一份切合实际的偿付计划,这是维持他们对企业的信心的一种手段。

2. 要充分预估资本需求

如果初创企业资金短缺,那么很可能会经历财务危机,导致法律纠纷。应筹集有效运转企业所必需的资金,并且控制其稳步增收,以留存足够的现金。

3. 要做好文书工作

一些商业纠纷之所以产生,是因为书面协议缺失,或者是因为书面协议考虑欠妥而忽视了潜在纠纷。初创企业应重视文书工作,明确记录当事人的权利义务,即使发生纠纷,也容易解决。

4. 要签订创始人合约(协议)

如果两个或以上的合伙人共同成立一家企业,签署创始人协议就尤为重要。创始人协议的内容可以涵盖股权分配方案、创始人就自己的"劳动付出股份"如何得到补偿以及创始人需要在企业待多长时间以获得股权的全部兑现等。这其中更重要的是应该包括,如果创始人决定离开企业,那么创始人的股权占比将如何处理,也就是我们俗称的股权回购机制的问题。

(二)融资风险

没有哪种融资渠道是十全十美的,任何方式的融资都需要付出资金成本和艰苦复杂的劳动,并且还存在内生的风险,因为融资规模和时机不当引发的融资风险要尤其注意。

1. 融资规模不足可能造成的负面影响

在创业企业成立的初期,它们是资本的吞噬者,但通常不采取大量债务融资的方法。更糟糕的是,它们成长得越快,它们对现金的胃口越大。所以创业企业,特别是处在初创期的创业企业更需要有充足的资金,以保证企业顺利度过成长的关键期。

2. 融资规模过大可能造成的负面影响

融资规模也不是越大越好。超出企业需要的且没有适当财务约束的融资反而会使创业企业在"温水煮青蛙"的宽松环境中放松对财务预算的约束,最终在不知不觉中陷入融资困境,进而走向破产。

3. 融资过晚带来的风险

创业企业初期要把握好融资时机,既不能过早,也不能过晚,切合时机的融资能够帮助企业解决资金难题。

创业初期是资金需求量非常巨大的阶段,资金供给量不仅要充足,并且必须及时,所以创业企业应该未雨绸缪,及早考虑融资问题,不要等到出现严重的资金短缺问题时才匆忙寻找资金。

四、如何履行社会责任

(一)企业伦理

企业伦理,也被称为企业道德,是企业经营本身的伦理。不仅是企业,凡是与经营有关的组织都面临着伦理问题,只要是由人组成的集合体在进行经营活动时,在本质上始终都存在着伦理问题。一个有道德的企业应当重视人性,不与社会发生冲突与摩擦,积极采取对社会有益的行为。

通俗来讲,违背企业伦理是指由于过分地追求所谓的利润最大化而产生的行为,例如,企业经营活动中以次充好、坑蒙拐骗、行贿受贿、恃强凌弱、损人肥己等不顾相关者利益、违反商业道德的行为。

　　一个良好的企业，以伦理标准对经营决策等各方面进行衡量和取舍，可以实现企业活动的经济效益、生态效益、社会效益的有机统一。反之，则会走向灭亡。

　　企业伦理的内容可分为对内和对外两部分，对企业内部包括劳资伦理、工作伦理、经营伦理等，对企业外部包括客户伦理、社会伦理、社会公益等。

　　(1) 企业与员工间的劳资伦理

　　企业和员工之间的关系主要是劳动关系，包括劳资双方如何互信、劳资双方如何拥有和谐关系、伦理领导与管理、职业素养提升等。

　　(2) 企业与客户间的客户伦理

　　企业与客户间主要是服务关系，其核心是以满足顾客的需求作为企业生存的基础。顾客是企业经营的主角，是企业存在的重要价值。

　　(3) 企业与同业间的竞争伦理

　　企业与企业之间的竞争应以良性竞争和积极竞争为原则，杜绝出现削价竞争、散播不实谣言、恶性挖角、窃取商业机密等不良行为。

　　(4) 企业与股东间的股东伦理

　　企业最根本的目的是追求利润，因此企业必须积极经营、谋求更多的利润，借以为股东创造更多的权益。同时也应清楚严格地划分企业的经营权和所有权，让专业经理人充分发挥作用，确保企业公司营运自由。

　　(5) 企业与社会间的社会伦理

　　企业与社会息息相关，企业无法脱离社会而独立运作。取之于社会、用之于社会才是企业立身于社会的根本。所以企业在创立和发展过程中不仅要重视社会公益，更要谋求企业发展与环境保护之间的平衡，推动绿色发展，促进人与自然和谐共生。

　　(6) 企业与政府间的政商伦理

　　政府的政策需要企业的配合与支持，金融是国家经济发展的重要产业之一，因而金融政策更是政府施政的重点，企业不但要遵守政府相关的法规，更要响应与配合政府的金融政策。

　　由于企业所处的阶段不同，创业者所要考虑的伦理问题也会有不同的表现形式。对于初创企业而言，要格外注意知识产权、创始人之间的利益分配等问题。

(二) 社会责任

　　作为社会道德的主体，创业者必须使其行为符合社会要求，承担社会赋予的责任。创业从来不只是投资者和创业者的个体活动，社会的诸多成员都对企业发展有着其独特的贡献。创业企业应做到以下几点。

　　(1) 企业应该承担并履行好经济责任。为满足人民对美好生活的需要，为国民经济的高质量发展发挥自己应有的作用。最直接地说就是盈利，尽可能地扩大销售，降低成本，正确决策，保证利益相关者的合法权益。

创业秘钥

>> 党的二十大报告强调，"中国式现代化是人与自然和谐共生的现代化"。尊重自然、顺应自然、保护自然，是全面建设社会主义现代化国家的内在要求。

（2）企业应该承担并履行法律责任。企业应遵守各项法律法规，完成所有的合同义务，带头诚信经营、合法经营，承兑保修允诺，带动企业的雇员、企业所在的社区共同遵纪守法，共建法治社会。

（3）企业应该承担并履行道德责任。企业应努力使社会不遭受自己的运营活动、产品及服务的消极影响。加速产业技术升级和产业结构的优化，大力发展绿色企业，提高企业吸纳就业的能力，为环境保护和社会安定尽职尽责。

（4）企业应该承担并履行慈善责任。企业的成长离不开社会和政府的支持，这也要求企业始终牢记饮水思源，不忘初心，以公益慈善反哺社会，企业可以通过参与和支持慈善事业，为社会和他人，特别是为弱势群体、低收入人群进行捐赠，减少社会的不稳定因素，促进社会和谐。

【模块训练】

● 实践任务

完成创业梦想

公司名称：_____

组织形式：_____

经营范围：_____

法人代表：_____

注册资金：_____

注册地址：_____

股东信息：_____

● 思考探究

(1) 你认为大学生创办新企业需要注意哪些问题?

(2) 新创企业有哪几种组织形式? 分别有何特点?

(3) 简述本地区新办企业的登记注册流程。

【模块检测】

扫描下方二维码,测一测你对本模块知识的掌握程度。

模块检测八

【模块评估】

(1) 请根据你的学习情况进行评价。

模块八　学习评估表

考评项目	考评内容	评分标准及要求	分值			得分
主题一：创立你的企业	学习态度（20分）	课前完成线上预习与相应的学习任务；能够积极思考，主动发现和提出问题；能够大胆表达自己的观点，积极参与互动	好（15~20分）	较好（10~14分）	一般（1~9分）	
	知识掌握情况（30分）	常见的企业组织形式及选择要素	掌握（11~15分）	熟悉（6~10分）	了解（1~5分）	
		创办新企业的流程	掌握（11~15分）	熟悉（6~10分）	了解（1~5分）	
	学习效果（10分）	熟练掌握学习内容，顺利达成任务目标，完成模块检测	好（8~10分）	较好（6~7分）	一般（1~5分）	
		主题一　得分				
主题二：经营你的企业	学习态度（20分）	课前完成线上预习与相应的学习任务；能够积极思考，主动发现和提出问题；能够大胆表达自己的观点，积极参与互动	好（15~20分）	较好（10~14分）	一般（1~9分）	
	知识掌握情况（30分）	如何招聘企业员工	掌握（7~8分）	熟悉（4~6分）	了解（1~3分）	
		如何进行税务申报	掌握（5~6分）	熟悉（3~4分）	了解（1~2分）	
		法律风险及融资风险	掌握（5~6分）	熟悉（3~4分）	了解（1~2分）	
		如何履行社会职责	掌握（8~10分）	熟悉（5~7分）	了解（1~4分）	
	学习效果（10分）	熟练掌握学习内容，顺利达成任务目标，完成模块检测	好（8~10分）	较好（6~7分）	一般（1~5分）	
		主题二　得分				
实践任务	任务完成情况（40分）	按照要求完成实践任务，分析准确、操作流程正确、方案设计合理、内容具有较好的操作性，并落地实践	好（32~40分）	较好（24~31分）	一般（10~23分）	
		实践任务　得分				
总分 = 得分（主题一）× 50% + 得分（主题二）× 50% + 得分（实践任务）			模块八　总分			

评估人：＿＿＿＿＿＿　　时间：＿＿＿＿＿＿＿＿

（2）学习完本模块，你还有哪些收获？

＿＿＿＿＿＿＿＿＿＿＿＿＿＿＿＿＿＿＿＿＿＿＿＿＿＿＿＿＿＿＿＿＿＿＿＿＿

＿＿＿＿＿＿＿＿＿＿＿＿＿＿＿＿＿＿＿＿＿＿＿＿＿＿＿＿＿＿＿＿＿＿＿＿＿

＿＿＿＿＿＿＿＿＿＿＿＿＿＿＿＿＿＿＿＿＿＿＿＿＿＿＿＿＿＿＿＿＿＿＿＿＿

＿＿＿＿＿＿＿＿＿＿＿＿＿＿＿＿＿＿＿＿＿＿＿＿＿＿＿＿＿＿＿＿＿＿＿＿＿

参考文献

［1］吉家文,李转凤.创新创业基础［M］.北京:高等教育出版社,2021.

［2］黄明睿,张进.创新与创业基础［M］.北京:高等教育出版社,2018.

［3］邓文达,罗旭,刘寒春.大学生创新创业:微课版［M］.北京:人民邮电出版社,2019.

［4］刘丹."互联网＋"创业基础［M］.北京:高等教育出版社,2016.

［5］苏博.互联网产品设计［M］.北京:中国铁道出版社,2021.

［6］单凤儒.管理学基础［M］.北京:高等教育出版社,2021.

［7］汪军民,王茂琪,邓亚娇.创新思维与创业逻辑［M］.北京:高等教育出版社,2016.

［8］陈俊."互联网＋"时代下创新创业大赛［M］.北京:中国林业出版社,2020.

［9］李家华,张玉利,雷家骕.创业基础［M］.2版.北京:清华大学出版社,2015.

［10］周恢,钟晓红.创新创业教育［M］.北京:北京理工大学出版社,2019.

［11］曾天地.消费心理学［M］.北京:中国人民大学出版社,2019.

［12］吴成丰.企业伦理［M］.北京:中国人民大学出版社,2004.

［13］曾萍.企业伦理与社会责任［M］.北京:机械工业出版社,2011.

［14］侯其峰.老板要懂的法律常识［M］.北京:化学工业出版社,2016.

［15］张玉敏.知识产权法学［M］.北京:法律出版社,2017.

［16］科特勒,凯勒,切尔内夫.营销管理［M］.北京:中信出版社,2022.

［17］陈文华,倪锋.大学生创新创业经典案例教程［M］.南昌:江西高校出版社,2016.

［18］中国注册会计师协会.财务成本管理［M］.北京:中国财政经济出版社,2023.

［19］中国注册会计师协会.会计［M］.北京:中国财政经济出版社,2023.

［20］中国注册会计师协会.税法［M］.北京:中国财政经济出版社,2023.

［21］国家发展改革委、建设部.建设项目经济评价方法与参数［M］.3版.北京:中国计划出版社,2006.

郑重声明

高等教育出版社依法对本书享有专有出版权。任何未经许可的复制、销售行为均违反《中华人民共和国著作权法》，其行为人将承担相应的民事责任和行政责任；构成犯罪的，将被依法追究刑事责任。为了维护市场秩序，保护读者的合法权益，避免读者误用盗版书造成不良后果，我社将配合行政执法部门和司法机关对违法犯罪的单位和个人进行严厉打击。社会各界人士如发现上述侵权行为，希望及时举报，我社将奖励举报有功人员。

反盗版举报电话　(010) 58581999　58582371
反盗版举报邮箱　dd@hep.com.cn
通信地址　北京市西城区德外大街 4 号　高等教育出版社法律事务部
邮政编码　100120

读者意见反馈

为收集对教材的意见建议，进一步完善教材编写并做好服务工作，读者可将对本教材的意见建议通过如下渠道反馈至我社。

咨询电话　400-810-0598
反馈邮箱　gjdzfwb@pub.hep.cn
通信地址　北京市朝阳区惠新东街 4 号富盛大厦 1 座
　　　　　高等教育出版社总编辑办公室
邮政编码　100029

防伪查询说明

用户购书后刮开封底防伪涂层，使用手机微信等软件扫描二维码，会跳转至防伪查询网页，获得所购图书详细信息。

防伪客服电话　(010) 58582300

资源服务提示

授课教师如需获取本书配套教学资源，请登录"高等教育出版社产品信息检索系统"（https://xuanshu.hep.com.cn/），搜索本书并下载资源。首次使用本系统的用户，请先注册并进行教师资格认证。

资源服务支持邮箱：songchen@hep.com.cn